AF230002

LA RAISON

DE

NOS ESPÉRANCES

AUX JOURS DE DEUIL OU NOUS SOMMES

1878

LYON

TYPOGRAPHIE ET LITHOGRAPHIE DE J. GALLET

2, Rue de la Poulaillerie, 2.

LA RAISON

DE

NOS ESPÉRANCES

AUX JOURS DE DEUIL OU NOUS SOMMES

LYON

TYPOGRAPHIE ET LITHOGRAPHIE J. GALLET

2, Rue de la Poulaillerie, 2

PRÉFACE

L'humanité subit les mêmes lois que les individus ; elle doit donc parvenir à son majorat. Cette grande ère va-t-elle sonner au Cadran du Dieu des Cieux ? tout l'atteste, l'annonce et en apporte des preuves qui ne sauraient être discutées. Nous sommes arrivés à l'heure de la plus solennelle des transformations, l'aurore du Règne de Dieu sur la terre a lui.

La sainte Eglise a reçu, nul ne saurait en douter, la promesse divine de durer jusqu'à la fin du monde. Il est hors de doute que la lumière de la vérité éternelle ne peut cesser d'éclairer les destinées des hommes. Mais l'Eglise, ainsi que l'affirment tous les docteurs, remonte à l'origine de l'homme. Elle a donc vu une translation du sacerdoce à la venue de Jésus, pourquoi ne verrait-elle pas, aux jours du Règne de Dieu, une transformation ? Elle n'en sera pas moins elle-même et Dieu ne faillit pas à ses promesses à son égard.

Si nous voulions faire comprendre la raison de cet Ecrit, il faudrait faire notre autobiographie. C'est en suivant le long chemin des épreuves que nous avons trouvé la voie de la lumière. Oh ! qui dira au monde tous les biens qui sont semés dans la voie royale de la Croix ?

Nous avons sans cesse présentes à notre esprit les paroles de Marie, notre céleste Reine et Mère, lorsque, placée sous le poids d'une immense épreuve, elle dit en réponse à notre prière : Si le Ciel avait eu le dessein de vous délivrer, il n'aurait pas permis que vous y entriez. Il en fut de même au moment où l'épreuve allait devenir définitive, le divin Sauveur nous envoya une Hostie, sur laquelle le sang de notre rachat découlait frais et vermeil de chacune des cinq plaies du Rédempteur. Ce signe céleste nous disait clairement : il faut marcher dans les voies du divin Maître.

Ah ! si nous avions compris, loin de repousser le don de Dieu, nous eussions embrassé cette Croix avec amour ; par là nous eussions abrégé le temps de nos épreuves. Joseph, fils de Jacob, pour n'avoir pas entendu le dessein de Dieu, dut rester les trois ans entiers dans sa prison, malgré son innocence. La loi de Dieu est toujours la même ; c'est par la Croix qu'il nous réforme et il la laisse sur nous, jusqu'à ce que son dessein d'amour soit atteint.

Mais très souvent la faible créature n'entre pas dans les vues que Dieu se propose par la Croix, sans se révolter ou dévier du but. Il en fut ainsi pour nous. Alors la compassion de Dieu vint à notre aide. Une âme vivant très loin de nous, sans même connaître notre nom, nous vit dans une vision, comme la vénérable Agnès, de Langeac, vit le serviteur de Dieu, Olier, et par l'action de la grâce elle se fit victime pour nous, afin de nous permettre de recueillir les fruits de vie de notre longue et terrible épreuve, semblable à celle de Joseph, fils de Jacob.

Par ce secours surnaturel, il nous fut permis de mieux goûter les grâces qui sont dans la Croix. Aussi, après quelques années, il nous fallut traverser une autre épreuve plus délicate. Il s'agissait pour nous de voir si nous saurions nous taire, souffrir sans nous plaindre, sous le glaive de ce tribunal redoutable qui se nomme l'inquisition universelle.

A Dieu ne plaise qu'il sorte de notre bouche une plainte ou une récrimination qui pourrait nous faire perdre les fruits de nos épreuves. Il nous importe peu que le Juge soit juste ou injuste, qu'il ne fasse pas son devoir pour connaître où est le droit et la vérité, qu'il méconnaisse les vues et les intentions ; c'est Dieu qu'il faut voir en tout. Le monde a été racheté par la Croix ; plus l'injustice est absolue, et plus elle est avantageuse.

Ceux qui s'imaginent que nous rougissons des épreuves que nous avons subies, pendant de longues années, se font une étrange illusion. La vérité c'est que nous ne cessons d'en rendre à Dieu les plus vives et les plus ardentes actions de grâces. Nous ne craignons qu'une chose, c'est de ne pas assez apprécier le don de Dieu.

Aussi nous pardonnons à tous ceux qui ont contribué à aggraver le poids de notre Croix. La plus grande partie de ceux-ci sont morts, ils n'ont pas sur la terre un Cœur qui ait plus de compassion pour eux. Quant à ceux qui sont vivants, ils peuvent attester, si nous avons répondu à l'injure par l'injure, à l'outrage par l'outrage. Non, bien loin de là ; nous avons prié pour eux.

Enfin, une dernière épreuve a fondu sur nous, notre plume a été brisée, ne nous a plus été permis de gagner notre pain par notre travail, et le reste. Mais ce qui semblait aux yeux des hommes ne nous laisser d'autre issue que les voies du mal, nous a ouvert au contraire les grandes voies de la lumière.

Oh ! comment rendre à Dieu des actions de grâces proportionnées aux faveurs, aux dons, aux lumières dont le Ciel s'est plu à nous inonder. Croix, épreuves, souffrances, humiliations, abjections, soyez bénies mille et mille fois ; c'est dans cette voie royale que nous avons trouvé la sainte liberté.

Aussi c'est dans la plénitude de l'indépendance des enfants de Dieu que nous avons écrit ces pages. Nous avions pour nous servir de guide la sainte prière, les sacrifices de l'autel, la communion du corps et du sang du divin Rédempteur. Par l'épreuve, le Ciel nous a confié un ministère, celui que Jean-Baptiste a rempli, aux jours du règne de Jésus expiant.

A l'imitation de ce grand modèle, rien ne saurait nous faire taire la vérité ; nous la dirons aux Pontifes, aux Rois et aux Princes ; nous la crierons à tous sans acception de personnes. Jean-Baptiste a offert sa tête au glaive d'Hérode pour ne pas trahir la doctrine de vie ; à son exemple nous sommes sans crainte, ni de la mort, ni de la vie, ni de la prison, ni de la persécution, ni de l'outrage, ni de la calomnie.

Dans tout ce que nous écrivons, nous n'avons en vue ni la gloire de notre nom, ni les honneurs, ni la vaine ambition des richesses. Nous obéissons à la suradorable volonté de Dieu ; nous servons la cause de la vérité. Nous avons reçu de Dieu l'amour de sa gloire, nous ne nous proposons pas d'autre but que de servir la miséricorde contre les arrêts de la suprême Justice.

C'est assez ; ceux qui nous ont fait du mal le savent, nous avons été comme un agneau qui n'ouvre point la bouche pour se plaindre, lorsqu'il s'est agi de nos épreuves. Mais aujourd'hui c'est la doctrine de vérité et de vie qui est en jeu ; si on l'attaque, c'est Dieu même qu'on outrage ; dans ce cas, nous nous lèverons comme un Lion pour la défendre.

La mission de Jean-Baptiste est de crier, sans qu'aucune oreille soit fermée à ses cris ; il sera fidèle, envers et contre tous, à son mandat sacré.

Du Carmel Trématique Eliaque : Janvier 1878.

LA RAISON

DE

NOS ESPÉRANCES

AUX JOURS DE DEUIL OU NOUS SOMMES

CHAPITRE Ier

LA VENUE DU RÈGNE DE DIEU, DANS L'ERE OU NOUS VIVONS.

Depuis déjà bien des années, mille voix prophétiques, au sein de l'Eglise, dans les diverses nations, et des voyants sans nombre, même hors de l'Eglise, ne cessent d'annoncer que des temps de misère, de deuil, de larmes et de douleur sont proches. C'est ainsi qu'il s'est formé dans les esprits une conviction profonde qu'il était impossible d'échapper à des événements d'une immense gravité, soit en France et en Italie, soit en Angleterre et les autres pays de l'Europe et même du monde entier.

Mais en même temps que ceux qui ont des visions faisaient connaître les malheurs qui nous menacent et qui sont prêts à éclater sur nos têtes, ils affirmaient aussi, au nom de Dieu, que les prières adressées au ciel avec ferveur, auraient la vertu et l'efficacité de diminuer la violence des fléaux, d'atténuer l'intensité des ruines et de sauver un grand nombre de ceux qui périraient sans ce secours. C'est dans ce but que des âmes généreuses n'ont pas hésité à répondre à l'appel de Dieu, et à se constituer comme victimes, pour le salut de leurs frères. Qui nous dira le nombre de celles, qui, à l'heure présente, sont ainsi placées sur l'autel du sacrifice ?

La situation au milieu de laquelle nous nous débattons, et qui n'a d'autre issue que celle des desseins de Dieu, ne vient, hélas ! que trop confirmer les annonces des serviteurs de Dieu, les prophètes du Seigneur. La misère ne cesse de grandir de jour en jour ; le travail fait partout défaut ; tout est paralysé. En même temps les bruits de guerre civile, qui seront heureusement conjurés par le Ciel, circulent mêlés à la crainte d'une guerre étrangère. C'est sous le poids de tant d'angoisses qui nous accablent qu'il faut encore espérer.

L'Eglise qui devrait être, dans ces jours de deuil, la Reine de la paix, voit s'accroître contre ses pasteurs et ses prêtres un tel ferment de haine, que les siècles les plus douloureux de l'histoire n'en offrent pas un semblable exemple. Au lieu d'être la médiatrice des partis si divisés entre eux, elle ne sait plus que revendiquer le pouvoir temporel, comme s'il y avait là le remède aux mille maux sous lesquels nous succombons. Aveuglement funeste, obstination sans sagesse, qui devra être soldée, nous ne le craignons que trop, par la mort de bien des victimes.

Mais nul ne pourrait le croire sans l'évidence des faits, de même que les prophètes et les voyants font des descriptions plus ou moins lugubres des événements attendus, ils font connaître aussi que l'heure d'une nouvelle Ere de paix, de prospérité et de bonheur est venue. Nous entrevoyons l'aurore, nous dit le plus sublime des voyants ; le ciel prépare, dans le secret du mystère, tous les éléments qui vont apporter à la terre et aux mondes une nouvelle vie de lumière et d'amour. Et c'est là la vérité.

Nous sommes parvenus à une époque culminante de l'histoire ; le règne de Dieu par Marie va s'ouvrir. Il est facile donc de se rendre compte combien il importe de résoudre cette si grave et si importante question.

Si nous sommes à l'Ere du règne de Dieu, à ces temps bénis où le divin Sauveur doit donner à la terre le complément codicilaire de l'ancien et du nouveau Testament, à cette période où l'Esprit de vérité nous instruira de toute la vérité, en même temps que l'Esprit d'amour ouvrira pour nos cœurs les sources cachées et mystérieuses de l'amour divin ; si, disons-nous, cette heure attendue est enfin venue, loin de nous étonner de ce qui est annoncé par les voyants, il faut nous hâter, au contraire, de nous éclairer par les lumières de la tradition dans les siècles passés.

Tout notre Ecrit suppose ce fondement. Mais notre foi à cet égard repose sur des preuves si décisives, si péremptoirement concluantes, que l'ignorance volontaire ou l'aveuglement né des passions les plus malsaines peuvent seuls ne pas les admettre. Il nous suffira de remonter aux origines les plus pures de l'Eglise, et nous trouverons là les raisons de notre espérance.

Nous lisons, aux Actes des Apôtres, qu'à la vue du divin Sauveur prêt à remonter vers les cieux, les disciples ne purent s'empêcher de dire : « Seigneur, sera-ce en ce temps que vous « rétablirez le royaume d'Israël ? Mais il leur dit : Ce n'est « pas à vous de savoir les temps et les moments dont le Père « a réservé la disposition à sa propre puissance. » (Ch. 1, v. 6-7.)

Ainsi le divin Maître qui a affirmé devant Pilate : « Je suis « Roi, tu l'as dit ; je suis né pour cela, » dans la réponse qu'il fait aux Apôtres, ne nie pas que les jours de son règne viendront ; mais il dit que le Père Eternel a réservé ces temps à la disposition de sa toute-puissance. Il suffit d'ouvrir les livres de tous les prophètes, dans l'ancien Testament, pour trouver mille preuves de la venue de ce règne; il en est de même pour le nouveau Testament.

Nous allons citer les paroles de Notre-Seigneur Jésus-Christ, qui nous sont connues par son fidèle prophète Elie; il y a là une clarté qui suffira à dissiper les ténèbres et à faire briller la lumière pour les cœurs droits et sincères.

« Tout est accompli, ont dit les hommes de docte science !
« Je l'ai dit sur la Croix, mais m'ont-ils bien compris? Tout
« était accompli en ce qui touchait les desseins de Dieu dans
« l'immolation et la doctrine de Celui qui s'est dit Fils de
« l'homme; tout était accompli de sa vie de souffrance et
« d'immolation, tout, pour la réconciliation de mon Père avec
« les hommes; tout était accompli dans le rachat des Cieux;
« tout était accompli pour la chair du Fils de l'homme. »

« Avait-il régné, Lui qui enseignait de conjurer son Père,
« afin que son règne arrive? Avait-il régné, livré à une famille
« pauvre et toujours poursuivi et attaqué par de pharisaïques
« contradicteurs? Où fut sa royauté? Fut-il vraiment le Roi
« présenté par Pilate? Le Golgotha fut-il un trône? Peut-on
« dire que l'on y vit trois Rois? Non, je rendis gloire à mon
« Père par cet adorable sacrifice. »

Il y a trois personnes en l'unité de l'essence divine; de même, il y aura trois transformations de l'Eglise de Dieu. La dernière, qui sera celle du règne de Dieu, de ce temps où, selon la parole du Sauveur, l'Esprit de vérité enseignera toute vérité, ne se laissera pas circonscrire; elle se nommera l'Eglise véritablement universelle, l'Eglise du triomphe, l'Eglise de la paix, le grand Temple du Saint-Esprit, l'abîme d'amour du Père et du Fils.

« Mon Père, continue le Sauveur, m'a promis toute royauté
« sur toutes les nations. Toutes les nations, fait-il dire à son
« prophète, s'assembleront au nom du Seigneur, et elles ne
« suivront plus les égarements de leur cœur. Tous les peuples
« de la terre se convertiront au Seigneur, et toutes les nations
« viendront se prosterner en sa divine présence et lui rendront
« de pures adorations ; les peuples et les nations seront ainsi
« convertis, parce que sa grandeur et sa majesté éclateront
« jusqu'aux extrémités de la terre. »

C'est dans le saint ravissement de ces pensées que le Prophète
royal s'écrie : « Que les Cieux se réjouissent, que la terre tressaille
« d'allégresse, et qu'au sein des nations on s'écrie : Le Seigneur
« est dans son règne. » Mais le divin Maître nous apprend
aussi que ce règne de Dieu doit advenir par Marie. Il faut
citer encore les admirables paroles du prophète Elie.

« Vous avez à votre tête, dit le divin Jésus, une puissance
« comportant toute la force des Cieux. Elle aussi brille pour
« jamais de splendeur et de gloire ; mon Père, comme moi,
« s'admire dans la beauté, la pureté, la sainteté, l'amour de
« son cœur. Mon Saint-Esprit en fait son sacré Tabernacle ;
« cette puissance c'est ma Mère, ma sainte et divine Mère !
« Elle appelle mon règne par amour pour les Enfants de la
« terre. »

Saint Jean, après avoir reposé sur le sein du divin Maître,
au pied de la Croix du Calvaire, avait reçu, comme un dépôt
sacré, Marie, dont il avait été constitué le vrai fils. Par Marie
il avait eu la connaissance du règne de Dieu sur la terre où
l'Esprit de vérité enseignerait toute vérité. Aussi les disciples
du grand Apôtre sont tous unanimes à enseigner, comme l'ayant
appris de la bouche de ce Maître, la venue de ce règne de Dieu
aux temps fixés par le divin Père, dans sa puissance.

Cet enseignement est consigné dans la tradition, et il est bien facile de retrouver cette doctrine, dans tout l'éclat de sa pureté, avant que les hérésiarques ne soient venus mêler leurs funestes erreurs à ces lumières de vie. Quelle autorité que celle de cette nuée de Pères de l'Eglise qui se font un devoir de nous transmettre ce qu'ils ont appris, sans se permettre de rien changer à ce qui leur a été dit.

Dans ces conditions, il nous importe peu que les millenaires, falsifiant le dépôt sacré de la tradition des disciples de Jean, aient ajouté des interprétations dignes du plus profond mépris et même de condamnation à la doctrine de Jean. Ceux-ci nous sont assez connus par l'histoire, et leurs noms sont inscrits avec honneur sur les diptyques sacrés et le martyrologe, comme ayant scellé leur foi par le témoignage du sang.

La divine Providence a disposé, dans sa sagesse souveraine, que ces lignes fussent écrites à Lyon, l'antique capitale des Gaules, dont l'Eglise, par un privilége spécial, a une origine Johannite. Saint Pothin est venu de l'Asie Evangelisée par saint Jean, et l'illustre Martyr, saint Irenée, est aussi né en Asie. C'est par saint Polycarpe, disciple de saint Jean, qu'il a été formé à cette doctrine qui lui a permis d'écrire le livre si admirable : *Contre les Hérésies*. Mais dans cet Ouvrage, comme dans ceux des saints Pères des premiers siècles, nous retrouvons l'Enseignement du règne de Dieu sur la terre, en des termes qu'il serait impossible de rendre plus clairs et plus précis.

L'ouvrage de saint Irenée est entre les mains de tous ; il est dès lors facile de se convaincre que l'Illustre Evêque de Lyon enseigne la venue du règne de Dieu, avant ce qu'il appelle la fin du monde. Le résumé de la doctrine du texte, en marge, ne permet aussi aucun doute sur l'Enseignement du savant Martyr. Mais ce qui ajoute un nouveau poids à cette tradition, c'est que, comme saint Justin, il affirme l'avoir apprise de la bouche de ceux qui l'ont reçue de saint Jean lui-même. Nous allons traduire des textes et quelques-unes des notes marginales qui en résument la doctrine.

« Les âmes, dit saint Irenée, iront dans un monde invisible « qui leur est assigné par Dieu, et là elles resteront jusqu'à « la résurrection, attendant leur résurrection. Ensuite elles se « revêtiront de leurs corps, et entièrement rendues à la vie, « c'est-à-dire ressuscitées en leurs corps, comme le Seigneur est « ressuscité, elles viendront ainsi en la présence de Dieu. » *Il est dit en marge :* « Il entend que les Justes qui ont souffert « sur la terre doivent régner, avant de monter dans les Cieux « de la gloire. »

Car, ajoute-t-il, « les Enseignements des uns — les disciples « de Jean — sont pervertis par les doctrines des hérétiques, « étant dans l'ignorance des dispositions de Dieu et des mys- « tères de la résurrection des Justes et du règne, qui est le « commencement de la régénération, et qui doit être sur la terre « et temporel, par lequel les Justes sont délivrés de la mort « avec Jésus-Christ, jusqu'au temps fixé par Dieu lui-même. » La note marginale dit : « que ce règne des Justes sur la « terre avec Jésus-Christ, après leur résurrection, est prouvé « par les paroles où le Christ, la veille de sa mort, promet de « boire le vin avec ses disciples, dans le royaume de son Père. »

« Jean, dit saint Irenée, a prophétisé clairement la première « résurrection et l'héritage du règne de Dieu sur la terre. De « même les prophètes ont prophétisé la même doctrine. »

Du reste, nul ne lira saint Irenée sans être contraint de reconnaître que c'est bien là la doctrine qu'il affirme avoir été enseignée par saint Jean, comme celle qu'il a reçue de Jésus et de Marie.

Saint Justin; martyr, ne s'exprime pas avec une moindre clarté. « Je n'ai nullement, dit-il, la pensée de plaire aux hom-
« mes, ni de suivre leur enseignement propre, plutôt que celui
« de Dieu, à la volonté duquel je veux me conformer en toutes
« choses, ainsi que tout chrétien doit le faire. »

« Et s'il advient que vous contériez avec ceux qui n'ont pas
« une foi sincère, niant la résurrection des morts, et assurant
« seulement que soudain qu'ils meurent, leur âme est conduite
« et reçue au Ciel, sans attente d'une résurrection charnelle,
« ne les tenez pas pour chrétiens, car ils ne le sont pas. »

« Un grand Personnage des nôtres, nommé Jean, qui fut
« un des Apôtres du Christ, nous l'a confirmé, disant dans la
« révélation qu'il eut par l'Esprit de prophétie, que les fidèles
« ou croyants en Notre-Seigneur Jésus-Christ seraient mille ans
« en Jérusalem, où ils règneraient, et après cela viendrait
« l'assemblée universelle ou la résurrection universelle de tous
« les méchants. »

« Par le nombre de Mille ans, il démontre que le mode
« d'être de ce règne n'est pas éternel.... Il entend un règne
« spirituel, non mondain, ni charnel. Dans ce règne la foi de
« Jésus-Christ sera répandue dans toute la terre. » *(Dialogue
avec Triphon. Ch. XIII.)*

Il est bien loin de notre sujet de vouloir apporter ici, en ce moment, toutes les preuves de la tradition, concernant la venue du règne de Dieu, ou de l'Esprit saint, par Marie. Nous aurons une autre occasion de traiter au long ce beau sujet. Nous avons maintenant en vue d'établir que si nous croyons être arrivés à cette grande ère du monde, nous ne faisons pas une vaine supposition, ni nous n'apportons pas une doctrine qui n'ait pas son fondement dans la plus saine et la plus auguste tradition de l'Eglise.

Ce que nous voulons mettre en lumière, c'est que la venue de ce règne de Dieu ou du Saint-Esprit est le fondement de cette espérance que l'humanité est près d'une ère de paix, de prospérité, de foi, de lumière, de vie et d'amour, qui n'a pas de précédent, à aucune époque de l'histoire. C'est là le phare qui doit nous éclairer, si nous voulons comprendre le plan de la divine Providence, lorsqu'elle condamne et laisse dans sa chute le Pouvoir Temporel du Souverain Pontificat.

A ce point de vue, il faut, par une nécessité absolue, que tout ce qui est un obstacle à l'établissement de ce règne de Dieu soit broyé et anéanti ; les hommes, les institutions et les choses qui sont incompatibles avec ce règne sont condamnés à disparaître et cesseront d'être ; c'est le Décret absolu de Dieu. Toute la raison des événements qui ont été annoncés par les Voyants et les Prophètes, au milieu desquels nous sommes déjà, est là toute entière. Dieu veut que son règne arrive ; c'est pourquoi il passe au crible l'humanité.

Mais hâtons-nous de conclure par les paroles du divin Maître à son prophète. « Oui, s'écrie-t-il, il me tarde de voir au « milieu des Nations, comme un soleil radieux, les splendeurs « de mon règne. Oui, je dois être reconnu par le Très-Haut « pour le seul Seigneur. L'idolâtrie morale, comme un nuage « puissant, s'est répandue sur la terre ; jamais je ne reçus plus « d'outrages. Ma lumière, mon amour offerts continuellement « à toute l'espèce humaine, n'ont servi qu'à la rendre plus « aveugle, qu'à mieux m'insulter. »

Oh ! vous qui lirez ces lignes, écoutez le suave appel du Roi des rois. « Que le petit nombre, dit-il, qui me connaît, que « j'admets à connaître mes desseins, s'unisse indistinctement « par une parfaite charité, par un vrai désir de ma gloire ; « qu'ils forment une chaîne que tu viendras fixer à mon Cœur !

« Qu'alors, ardents, impétueux de plus en plus, ils s'aguerris-
« sent ; qu'à force d'amour ils arrachent mon jour à la volonté
« de mon Père ; l'Esprit-Saint le proclamera ; il l'embellira de
« ses dons et de ses feux. »

Il y en a parmi les hommes qui récitent la prière du Sauveur :
« que votre règne nous arrive, » et ils sont dans la crainte de
voir luire la lumière de ces jours promis si solennellement à
la terre. Pauvres esclaves, dont l'esprit ne connaît pas la sainte
liberté des enfants de Dieu, prêtez l'oreille à ce cri du divin
Sauveur, il pénétrera peut-être jusqu'à votre cœur, comme un
glaive de salut.

« La verrai-je toujours fuir, s'écrie le Roi des rois, cette terre
« de mon sang et de mes souffrances ? L'ai-je tant aimée pour
« la punir toujours ? »

« J'établirai des rois couronnés de Justice, — nous verrons
« comment dans la suite ; — ils seront les canaux de ma Sou-
« veraine grandeur. »

« J'éblouirai, continue-t-il, l'œil humain des mêmes rayons
« dont j'éblouirai son âme. La majesté dont je me couvrirai
« devant lui embrasera son cœur. Je n'ai montré qu'à mes
« Saints ces immenses torrents de gloire que je ferai couler
« de mon trône. Il y a peu de jours à l'accomplissement de
« ces paroles : *Revelabitur gloria Domini et videbit omnis Caro*
« *pariter quod os Domini locutum est.* »

Pour conclusion, nous redirons que le fondement de notre
Écrit, c'est la venue du règne de Dieu ou du Saint-Esprit par
Marie ! *fiat ! fiat !*

CHAPITRE II

DE LA COMMUNICATION DES MINISTÈRES, ELIAQUE, MARISIAQUE ET AUTRES.

La certitude du règne de Dieu, fondée sur les textes de l'ancien et du nouveau Testament, basée sur la tradition des disciples du sublime Voyant de l'Apocalypse, dont la doctrine nous a été transmise par les illustres Pères de l'Eglise, est établie sur un roc inébranlable comme la montagne de Sion. Mais si nous voulons bien entendre les paroles des saints Pères, il est de la plus haute importance de distinguer dans la venue de ce règne les moyens par lesquels nous pouvons parvenir à la régénération, et ce qu'il faut appeler les résultats de la mise en œuvre de ces moyens divins.

La confusion entre le règne de Dieu et l'avénement visible de Jésus et de Marie, c'est-à-dire entre les voies à suivre en pratique et le but qui doit être atteint, ne permettrait pas de se rendre un compte exact de la doctrine sur ces points fondamentaux.

Il est très-certain que Jésus-Christ viendra régner visiblement et en personne dans cet avénement promis à l'humanité; mais ce sera à la condition qu'une génération de christs sera formée et vivra. Jusqu'à ce que cette société similaire à Jésus et à Marie soit formée et vive, le Christ restera dans la droite de son Père. Le prophète Elie a résumé d'une manière admirable cet enseignement; nous le citons.

« Je crois, dit-il, que jusqu'à ce que la génération chrétienne « lui ait préparé — à Jésus-Christ, — sur la terre où il a tant

« souffert, une société vraiment similaire, il restera dans la
« droite de son Père. Je crois que malgré toutes les oppositions
« possibles, cette société se formera et vivra. Je crois, — ajoute-
« t-il, — que c'est seulement alors que Jésus, le Christ, viendra
« *visiblement*, plein de gloire et de majesté. »

Ainsi que l'exigent les lois de la saine logique, il faut distinguer l'avénement visible, personnel de Jésus-Christ et celui
de Marie, et la venue du règne de Dieu, où s'accomplit la
communication de l'Esprit et de la Vertu d'Elie, de Marie et
des autres Ministères, comme nous allons l'exposer. Il faut
préparer la société similaire à Jésus, à Marie, à Joseph, car
elle doit être formée et vivre. Mais pour la former et la faire
vivre, malgré toutes les oppositions et les contradictions possibles, une puissance et une vertu en rapport avec le but à
atteindre sont nécessaires.

Les saints Pères qui nous font connaître la doctrine des
disciples de Jean, saint Papias, saint Justin, saint Irenée,
Lactance, Clément d'Alexandrie et les autres, nous affirment
que Jésus-Christ viendra régner sur la terre. « Nous confes-
« sons, en effet, dit saint Justin, qu'un règne nous a été promis
« sur la terre, mais avant le Ciel et dans un autre état, *sed*
« *ante cœlum et in alio statu*, c'est-à-dire après la résurrection
« première. »

Ce n'est pas notre dessein, à cause du cadre trop restreint
de cet Ecrit, d'exposer en quoi consiste cet état dont parle
saint Justin, ni de dire comment l'explique Lactance, ou de
quelle manière Clément d'Alexandrie fait connaître ces doctrines
de vie. Nous aurons une occasion de traiter, avec tous les
développements nécessaires, cet admirable sujet. Il nous suffira
de dire que toutes ces vérités, ainsi que nous l'apprend Clément
d'Alexandrie, étaient crues et acceptées par les Docteurs d'Is-

raël, qui les avaient apprises de Moïse, et celui-ci de Dieu lui-même sur le Sinaï.

Le but que nous nous proposons, c'est de manifester, avec les preuves les plus irrécusables, qu'à la venue du règne de Dieu où nous sommes, doit avoir lieu la communication de l'Esprit et de la Vertu d'Elie, de l'Esprit et de la Vertu de Marie et des autres Ministères, afin que la société similaire au Christ soit formée et vive, malgré toutes les oppositions et contradictions possibles de l'Enfer et de toutes les forces adverses.

Ce n'est pas le moment non plus de dire comment, par la régénération, l'homme devient tout spirituel, dans son âme comme dans son corps, et de quelle manière il possède alors comme un sixième sens, qui le rapproche si près de la nature angélique. De même, c'est dans un autre travail que nous exposerons ce qu'il faut entendre par les vivants qui ont part à ce que saint Jean appelle la première résurrection, après laquelle la seconde mort n'a point de pouvoir sur eux. « Heureux et saint, dit-il, celui qui a part à la première résur- « rection. La seconde mort n'a point de pouvoir sur eux. » (*Apocalypse.* xx. 6.)

Avant de montrer, dans les Saintes Ecritures, les preuves de la communication de l'Esprit et de la Vertu d'Elie, de Marie et des autres Ministères, nous avons à cœur de citer Tertullien sur cette doctrine.

« Mais, dit-il, comment Jean-Baptiste est-il Elie? Vous avez « la parole de l'Ange : Et il précédera, dit Gabriel, devant le « peuple, le Sauveur, dans l'Esprit et la Vertu d'Elie, non dans « son âme, ni dans sa chair. Ces deux substances, en effet, « sont propres à chacun des hommes. Mais l'Esprit et la Vertu « sont communiqués extrinsèquement par la grâce de Dieu; et

« par la volonté de Dieu ils peuvent être communiqués, comme
« nous le voyons dans les siècles précédents, pour l'Esprit de
« Moïse. » (Tertullien : *de Anima.*)

Ainsi il est bien établi, et nul ne nous imputera une autre
doctrine, sans la plus insigne mauvaise foi, que la personnalité
propre subsiste en ceux qui sont investis, par la grâce de Dieu,
de la communication de l'Esprit et de la Vertu, soit d'Elie,
soit de Marie, ou de tout autre Ministère. L'investiture de
l'Esprit et de la Vertu sont en quelque sorte similaires au pouvoir qui est conféré à ceux qui sont revêtus du sacerdoce ou
d'une autorité. Mais l'âme et le corps, ainsi que le dit si bien
Tertullien, restent en propre à chacun.

La confusion entre cette doctrine de vie, qui a son fondement
dans les divines Ecritures, et la réincarnation des spirites, ne
saurait dès lors être possible. Nous réprouvons le spiritisme
parce qu'il détruit, par ses réincarnations, ce qui constitue en
chacun de nous la personnalité. L'Esprit et la Vertu, nous dit
admirablement Tertullien, sont communiqués uniquement par
la volonté de Dieu ; nul ne saurait donc s'attribuer de sa propre
autorité un Ministère ; ils ne sont ni dans l'âme, ni dans le
corps de celui qui est revêtu de ce Ministère, qui lui est communiqué d'une manière extrinsèque : *Nec in anima ejus, nec in
carne ; spiritus vero et virtus extrinsecus conferuntur.* (Tertullien :
de Anima.)

Mais il faut prouver maintennant que les divines Ecritures
affirment la doctrine de la communication de l'Esprit et de la
Vertu, soit d'Elie et de Marie, soit de saint Jean et des autres
ministères royaux et sacerdotaux. Nous lisons en saint Mathieu :
« C'est celui-ci, — Jean-Baptiste, — de qui il est dit : Voici,
« j'envoie mon Ange devant ta face, qui préparera ta voie devant
« toi. » Et le divin Maître dit solennellement : « Et si vous

« voulez m'entendre : il, — Jean-Baptiste, — est Elie qui doit
« venir. » (Saint Matthieu. xi. 10-15.)

L'Archange saint Gabriel, en annonçant la conception de
saint Jean-Baptiste, nous apprend comment il devait être Elie :
« Il marchera, dit-il, devant lui, — le Sauveur, — dans l'Esprit
« et la Vertu d'Elie. » (Saint Luc. Ch. 1-17.) De même, saint
Jean nous fait bien comprendre que si Jean-Baptiste est Elie,
ainsi que l'a enseigné le divin Maître, il l'est par la communication de son Esprit et de sa Vertu, mais avec sa personnalité
propre. Interrogé par les Prêtres et les Lévites : Es-tu Elie ?
Jean-Baptiste dit : « Non, je ne le suis pas. » (Saint Jean, 1-21.)
Car il veut nous apprendre qu'il n'est pas Elie réincarné, mais
qu'il a son âme et sa chair qui constituent sa personnalité. Il
est de toute évidence que Jean-Baptiste, en répondant : « Je
« ne suis point Elie, » n'a nullement l'intention de se mettre
en opposition avec le divin Maître, qui a dit : « Il est Elie qui
« doit venir; » ni avec l'Archange Gabriel, qui a dit : « Il
« précédera le Sauveur dans l'Esprit et la Vertu d'Elie. »

C'est donc une vérité de foi divine que Jean-Baptiste est Elie,
mais il ne l'est que par la communication de son Esprit et de
sa Vertu. Oser dès lors nier cette communication de l'Esprit et
de la Vertu serait une témérité, car nous repousserions par là
une vérité qui appartient au dépôt de celles qui sont révélées
dans les saintes Ecritures. Nous verrons dans la suite de ce
travail que cette doctrine est aussi enseignée dans l'Apocalypse,
pour l'Esprit et la Vertu de saint Jean.

L'Apocalypse est restée, depuis dix-huit siècles, un livre
scellé. Il n'en sera plus de même dans les temps du règne de
Dieu. Lorsque les vérités dont le divin Sauveur a dit : « J'ai
encore beaucoup de choses à vous dire, » seront connues;
lorsque l'Esprit de Vérité, selon la promesse de Notre-

Seigneur, aura enseigné toute vérité, l'Apocalypse sera aussi facile à entendre que les textes les plus clairs des Evangiles.

Les mystères qui sont voilés dans le texte de l'Apocalypse, étant mis en lumière, chacun les retrouvera dans ce Livre, qui est la révélation de la révélation. Ainsi si nous admettons la communication de l'Esprit et de la Vertu de Marie, comme nous y sommes autorisés par les lois de l'analogie, il devient manifeste aux yeux de tous, que cette vérité a été enseignée par saint Jean dans l'Apocalypse. Voici le texte :

« Je vis ensuite, » dit saint Jean, « un ciel nouveau et une « terre nouvelle ; car le premier ciel et la première terre étaient « passés, et la mer n'était plus. »

« Et moi, Jean, je vis la sainte Cité, la nouvelle Jérusalem, « qui descendait du ciel, d'auprès de Dieu, ornée comme une « épouse qui est parée pour son époux. »

« Et j'entendis une grande voix qui venait du ciel et qui « disait : Voici le Tabernacle de Dieu avec les hommes, et il « y habitera avec eux ; ils seront son peuple, et Dieu lui- « même sera leur Dieu, et il sera avec eux. » (*Apoc.* XXI. 1. 2. 3.)

Ce Ciel nouveau et cette terre nouvelle sont les mondes et la terre où habiteront les hommes pendant le règne de Dieu, lorsqu'ils auront opéré leur régénération. Alors le mal sera vaincu ; c'est ce que saint Jean signifie en disant : « Et la mer n'était plus. » Car la mer c'est ici la corruption.

L'avénement visible, personnel de Marie est aussi annoncé par ces paroles : « Et moi, Jean, je vis la Cité sainte qui « descendait du Ciel, ornée comme une épouse qui s'est parée « pour son époux. » C'est-à-dire pour régner avec Jésus-Christ.

Dans ces mots : « Voici le Tabernacle de Dieu avec les

« hommes, et il y habitera avec eux, » saint Jean affirme que
Marie viendra, comme le divin Sauveur, pour régner sur
l'humanité régénérée. « Les élus seront son peuple et Dieu
« sera lui-même leur Dieu, et il sera avec eux. » C'est bien
là l'avénement visible et personnel qui doit avoir lieu lorsque
la société similaire à Jésus et à Marie sera formée et vivra.

Mais, ainsi qu'il a été dit, l'avénement visible et personnel
de Jésus-Christ et de Marie n'est possible, et la Cité sainte qui
est Marie ne saurait descendre du Ciel d'auprès de Dieu, avant
que, par la communication de l'Esprit et de la Vertu Eliaque
et Marisiaque, les hommes n'aient été formés et ne vivent en
société similaire au Christ et à Marie.

C'est ainsi que ce texte prophétique annonce, dans sa double
signification, et l'avénement visible et personnel de Marie,
comme celui de Jésus-Christ, mais il exprime en même temps
la communication de l'Esprit et de la Vertu de Marie. C'est là
la sublime doctrine qui a été exposée dans le *Cri du salut,
appel aux hommes de foi.*

Par la communication de l'Esprit et de la Vertu de Marie à
une femme vivant dans sa personnalité propre, et dans les conditions de la vie mortelle et méritante, avec son esprit, son
âme et son corps, qui constituent son être personnel, la terre
possède Celle qui est la Femme Forte dans le Siècle, celle
qui est investie du Sacerdoce d'amour, la Jeanne du Salut, par
laquelle, en union avec d'autres Elues, la France sera sauvée
et qui obtiendra la venue et le règne glorieux du Monarque
fort.

Mais les divines Ecritures nous offrent aussi un type et un
exemplaire de la communication des Ministères, par l'opération
de l'Esprit et de la Vertu de ceux qui ont travaillé, dans les
siècles passés et à travers la suite des générations, à la venue

du règne de Dieu sur la terre, et à l'avénement personnel de Jésus et de Marie, selon la promesse que Dieu fit à Abraham et aux héritiers de son alliance sur la terre. C'est en Melchisédech que nous allons trouver cet enseignement si propre à nous instruire à l'Ere où nous sommes.

Il y a un grand mystère en Melchisédech; et en dehors des doctrines du règne de Dieu, il ne saurait être possible d'en pénétrer le secret. Melchisédech est un homme; c'est de foi. « Il est roi de Salem, sacrificateur du Dieu fort, et au livre de « Genèse, nous voyons qu'il bénit Abraham, et celui-ci lui « donne la dîme des dépouilles de sa victoire sur les rois de « Sodome et de Gomorrhe. » (*Genèse.* Ch xiv. 19.)

Mais voici que saint Paul, inspiré par l'Esprit saint au sujet de Melchisédech, nous dit : « Melchisédech, dont le nom « signifie premièrement roi de Justice et qui était roi de Salem, « c'est-à-dire roi de Paix. Sans père, sans mère, sans généalogie, « n'ayant ni commencement de jours ni fin de vie; étant aussi « semblable au Fils de Dieu, il demeure sacrificateur pour « toujours. » (*Epître aux Hébreux.* vii. 2. 3.)

Il est bien évident qu'il y a un grand mystère en Melchisédech, car c'est un homme, et la divine Ecriture nous dit : « Il est « sans père, sans mère, sans généalogie, n'ayant ni commen-« cement de jours ni fin de vie. » Mais le mystère devient très-facile à entendre, si nous comprenons que la sainte Ecriture parle uniquement du Ministère en Melchisédech, sans nous dire un mot de l'homme auquel il a été communiqué. C'est le Ministère et non l'homme qui est sans père, sans mère, et le reste. C'est du Ministère qui a été communiqué à l'homme, et non de l'homme lui-même, dont saint Paul fait mention.

Mais ce grand Ministère de Melchisédech, nous le retrouvons, dans le divin Sauveur et aussi en saint Joseph, comme membre de la Trinité de la terre. A ce titre, par le pouvoir royal dont saint Joseph est investi et dont Melchisédech était la figure, et par son pouvoir sacerdotal, il est la véritable image du Père Eternel, roi de justice et roi de paix et de miséricorde. Aussi il est plus grand qu'Abraham, que Pierre, que saint Michel et tout autre, et il donne avec raison aux enfants d'Abraham la bénédiction, dans le droit suprême de son ministère.

Nous serions entraînés trop loin de notre sujet si nous nous arrêtions à exposer comment saint Joseph, membre auguste de la Trinité de la terre, exerce dans l'ordre spirituel le vrai et vivant ministère, dont Melchisédech est la figure prophétique. Saint Joseph est, en effet, à proprement parler, roi de justice, par les droits dont il est investi dans son titre royal, et roi de paix ou de miséricorde, dans son titre de souverain Pontife du Tabernacle de Dieu, dont il a les fonctions, au plus haut des Cieux, comme il les remplira à l'avénement visible et personnel de Jésus et de Marie dans le règne de Dieu sur la terre.

Lorsque nous parlons des opérations du Père, du Fils et du Saint-Esprit, comme personnes de la Trinité céleste, il nous est permis, selon les lois du langage humain, d'attribuer, par appropriation, une opération à l'une ou à l'autre de ces personnes; mais, en réalité, elles n'ont qu'une action indivisible. Il en est de même des membres augustes de la Trinité de la terre. Mais ce sujet si profond exige d'être traité avec des développements, pour mettre cette vérité dans une pleine lumière.

Mais de la doctrine des saintes Ecritures touchant Melchisédech, nous pouvons conclure, avec une parfaite certitude, que la communication des ministères à des hommes élus par la volonté de Dieu est une vérité qu'il ne saurait être permis ni de nier, ni de révoquer en doute sans la plus insigne témérité ou sans faire preuve de mauvaise foi.

Voilà donc, dans les divines Ecritures de l'ancien et du nouveau Testament, les trois types exemplaires de la communication de l'Esprit et de la Vertu Eliaque, Marisiaque et de Melchisédech ou Joséphique. Dès lors, tous les autres Ministères, qui ne sont qu'une participation de ces trois, savoir : ceux de Jésus, en tant que Christ, Marie et Joseph, ne sauraient offrir de difficulté. Qui peut le plus peut le moins; c'est l'axiome admis par la philosophie et la foi.

La puissance dont les hommes se trouvent ainsi investis n'est pas difficile à voir. Dès lors, quels fruits de vie, de lumière et de régénération ne sont-ils pas en droit d'attendre ? Les Cieux nouveaux et la Terre nouvelle, que saint Jean a vus dans ses visions prophétiques, ne sont plus une chose impossible ; c'est, au contraire, une promesse divine qui sera nécessairement et infailliblement réalisée.

Nous sommes tous appelés à être formés et à vivre à l'image et semblance des membres de la Trinité terrestre. Ainsi nous devenons similaires au Christ, à Marie, à saint Joseph, et par eux et avec eux, nous participons à l'image et semblance de la Trinité céleste. Voilà le but que nous devons atteindre, et lorsque cette société sera formée et vivra, alors le Christ quittera la droite de son Père, la Cité de Dieu, Marie descendra du Ciel d'auprès de Dieu, avec saint Joseph, et nous verrons l'avénement visible et personnel qui nous est promis dans le règne de Dieu sur la terre.

Nous avons donc pour fondement les saintes Ecritures, lorsque nous crions à la terre et aux mondes qu'une femme, vivant dans les lois de notre vie mortelle et méritante, a reçu la communication de l'Esprit et de la Vertu de Marie. Il nous est aussi permis de dire qu'en signant cet Ecrit du nom de Jean-Baptiste, par le ministère de l'Esprit et de la Vertu duquel nous avons reçu la lumière, nous sommes dans la loi de la logique.

Il en sera de même pour la doctrine que nous allons exposer, concernant le souverain Pontificat et le grand Monarque. Toutes ces vérités ne sauraient être ébranlées, sans nier ce qui fait le fondement de la foi dans le monde, depuis l'origine des temps, c'est-à-dire la parole de Dieu dans les Livres Saints.

Si au lieu de scruter les Mystères des divines Écritures, selon la recommandation du divin Maître, pour connaître et servir la vérité, il se trouve des hommes assez aveugles, pervers et méchants, pour répondre à cet exposé consciencieux de la doctrine par des injures et de viles calomnies, qu'ils sachent tous, qu'ils soient ou non constitués en dignité, que nous avons fait un pacte de vie et de mort avec la vérité et la sainte et adorable volonté de Dieu.

C'est en Esprit et en Vérité que nous disons chaque jour, au pied de l'Autel, devant Dieu : « Que votre règne nous arrive. « Que votre volonté soit faite, sur la terre comme au Ciel. » Mais ni les injures les plus viles, ni les calomnies les plus outra- geantes, pas plus que la faim, la nudité ou le glaive, ne sauraient nous séparer de Jésus, Marie, Joseph, à qui soit rendu tout honneur, toute gloire et toute bénédiction.

CHAPITRE III

LA TRANSFORMATION DU SOUVERAIN PONTIFICAT

La question du pouvoir temporel du successeur de Pierre, pauvre pêcheur du lac de Génésareth, est celle qui divise le plus l'opinion, au sein des gouvernements, des peuples et des diverses nations. Depuis un siècle, nous avons été témoins, à deux époques successives, de la chute de ce pouvoir. Or, c'est une loi de l'ordre divin, ce qui est soumis à une double chute successive est condamné, d'une manière irrévocable, par Dieu lui-même.

Ce que nous affirmons hautement, par le devoir sacré de notre ministère, nous le disons sans obéir à aucune passion, ni à aucun intérêt. Mais tous les anathèmes resteront impuissants à faire relever ce dont Dieu, dans sa puissance, a décrété la fin sans retour.

Les destinées de la sainte Eglise, née du sang du Calvaire et des saintes larmes de Marie, n'ont rien de commun avec la possession ou la privation d'un Trône royal. Le souverain Pontificat sera toujours assez haut, au milieu des peuples et des nations, pour n'avoir rien à emprunter à l'éclat d'une couronne terrestre.

Les hommes s'agitent, mais Dieu les mène et les dirige ; cela est vrai pour l'Eglise comme pour les sociétés de l'ordre civil. S'il avait été dans les desseins de Dieu de rétablir le pouvoir temporel de ses ruines, la Sagesse Eternelle aurait bien su-susciter un Cyrus pour faire cette restauration. Mais le plan de sa divine miséricorde est bien différent.

C'est donc une espérance vaine d'attendre que la Fille aînée de l'Eglise arme son bras de sa vaillante épée, pour l'oppression de ses frères, afin de relever ce qui ne doit plus être. Sans doute, ainsi que l'a dit saint Michel, par le prophète du Seigneur, le Grand Monarque destiné à faire connaître la foi jusqu'aux extrémités de la terre, courbera bien son front devant le Pontife suprême, mais Celui-ci ne lui demandera pas de le faire Roi selon l'ordre terrestre.

Dieu, comme nous allons le montrer, va élever le souverain Pontificat à une hauteur si sublime, par la loi d'amour, que la royauté ne pourrait qu'abaisser la grandeur de ce pouvoir. La foi et l'amour seront des titres plus puissants que la couronne et le sceptre.

Lorsque Pilate demanda au divin Jésus : « Es-tu le Roi des Juifs ? » après la réponse du Sauveur, il ajouta : « Tu es donc Roi. » Jésus répondit : « Tu le dis, je suis Roi, je suis né « pour cela. » (Saint Jean. XVIII, 33-37.) Jésus est Roi dans le règne expiant ; il est, sur la Croix du Calvaire, la victime universelle de notre rachat, avec Marie, la Corédemptrice du genre humain. Mais le divin Jésus est aussi né Roi pour régner aux jours du règne glorieux ; et il règnera ; il est né pour cela.

Si nous voulons entendre les mystères des divines Ecritures, nous devons nécessairement y voir deux règnes, le règne du Sauveur, victime d'expiation universelle, et le règne glorieux où l'Esprit de vérité enseigne toute vérité. Les temps, depuis la venue du Messie, doivent dès lors se diviser en deux ères très distinctes. Il doit donc y avoir aussi deux souverains Pontificats se succédant pour régner, le premier pendant toute la période du règne du Sauveur expiant ; l'autre commençant au règne glorieux. Mais en ces matières il nous faut invoquer l'autorité des saintes Ecritures, et entendre les paroles mêmes du divin Jésus.

Nous prions nos lecteurs qui aiment et recherchent la vérité, qui veulent vivre dans la lumière et non au sein des ténèbres, d'ouvrir l'Evangile selon saint Jean, au chapitre XXI et dernier. Il y a là des paroles solennelles qui nous feront comprendre ce qui va advenir, au temps où nous vivons.

Pierre est interrogé trois fois par le divin Maître qui lui demande à trois reprises : « Simon, fils de Jona, m'aimes-tu ? » C'est à ce moment suprême, et après cette triple confession où Pierre dit : « Vous savez que je vous aime, » que le Roi des rois investit Pierre du souverain Pontificat.

Mais en même temps que le divin Sauveur élève à ce pouvoir suprême Pierre, avec le pouvoir de transmettre cette autorité à ses successeurs, il ajoute : « En vérité, en vérité je vous le dis; « lorsque tu étais jeune tu te ceignais toi-même et tu allais où « tu voulais; mais lorsque tu seras vieux tu étendras tes mains « et un autre te ceindra et te mènera où tu ne voulais pas. » Et afin que le doute sur ces paroles si claires ne fut point possible, même à la mauvaise foi, il est dit : « Jésus dit cela « pour marquer de quelle mort Pierre devait glorifier Dieu. Après avoir ainsi parlé, il dit : « Suis-moi. »

Ainsi en donnant à Pierre, et en lui à ses successeurs, l'investiture du souverain Pontificat, le divin Sauveur fait entendre qu'ils sont Pontifes du règne expiant. Pendant trois cents ans, en effet, ceux qui étaient revêtus du souverain Pontificat étaient voués d'une manière certaine au martyre. Mais après cette période, si ce n'est plus le martyre du sang, c'est celui des luttes et des épreuves.

Les successeurs de Pierre ont beau ceindre la couronne royale, ils ne peuvent se mettre en dehors de la loi de leur investiture qui est la Croix. Pie IX, qui clôt la longue série de ces successeurs, a pour symbole : la Croix des Croix ; il est, en effet, une victime de souffrance morale, plus que le monde ne saurait le soupçonner. Sa longue vie ne s'explique que parce que des âmes dévouées se substituent à lui, à titre de victimes ; et ce grand fait bien connu confirme manifestement la loi qui caractérise le souverain Pontificat du règne de l'expiation.

Mais voici que le texte sacré va nous faire entendre le plus grand des mystères ; demandons au Ciel les clartés de la divine lumière, et nous comprendrons ce qui ne tardera pas à s'accomplir, c'est-à-dire la transformation du souverain Pontificat, au sein de la sainte Eglise de Dieu.

« Et Pierre, » dit l'Evangéliste prophète, « s'étant tourné, vit « venir après lui le disciple que Jésus aimait, celui qui, pendant « la Cène, était penché sur le sein de Jésus, et lui avait dit : « Seigneur, qui est celui qui te trahira. »

Il faut bien remarquer combien saint Jean qui, dans son Evangile, a pris soin de parler si peu de lui-même, se plaît à rappeler que Jésus avait pour lui un amour de prédilection. A ce titre, pendant la Cène, il lui avait montré, dans le plus sublime des ravissements, tous les mystères de son Cœur. Aussi tous les Saints Pères n'hésitent pas à affirmer, que par une faveur spéciale, saint Jean reçut la grâce de la régénération ; afin qu'il fut le type de ceux qui devaient être régénérés, dans l'ère où nous sommes.

Pierre, dans son élévation au souverain Pontificat, ne pouvait pas ignorer la grandeur des grâces dont Jean avait eu le privilége, entre tous les disciples. Il avait donc le désir de savoir si le Maître n'avait pas le dessein d'associer le disciple qu'il aimait à l'investiture de son autorité suprême, soit de son vivant, en union avec lui, soit après lui, comme successeur. Dès lors il s'enhardit, et voici ce que nous dit l'Evangéliste prophète :

« Pierre, donc l'ayant vu dit à Jésus : Seigneur, et celui-ci,
« que lui arrivera-t-il ? Jésus lui dit : Si je veux qu'il demeure
« jusqu'à ce que je vienne, que t'importe ? Toi, suis-moi. »
(Jean. XXI, 21-22.)

Sans nul doute, il y a dans ces paroles de Notre-Seigneur Jésus-Christ un profond mystère. Il suffit pour en être convaincu de lire le verset qui suit où l'Esprit-Saint fait redresser le sens dans lequel les frères avaient compris ces paroles, en disant : « Ce qui fit courir le bruit parmi les frères, que ce
« disciple ne mourrait point. Cependant Jésus n'avait point
« dit : si je veux qu'il demeure jusqu'à ce que je vienne, que
« t'importe ? » (Jean. 23.)

Quel est donc le sens mystérieux des paroles du divin Maître que les disciples même ne les entendaient point ? Il faut bien que le sens divin qu'elles renferment soit d'une importance absolue, pour que l'Esprit-Saint répète le texte sacré, en disant que le divin Maître n'avait point voulu entendre : « Il ne mourra
« point. »

Le texte sacré, nul ne saurait le nier, affirme deux vérités, l'une que Jean mourra, puisque l'Evangile prend soin de nous enseigner que Jésus n'a point dit : « Il ne mourra point. » Dès lors la saine logique nous oblige de reconnaître que Jean doit mourir, et il est mort en réalité. Mais le divin Sauveur a dit aussi : « Si je veux qu'il demeure, jusqu'à ce que je vienne,
« que t'importe ? » C'est cette vérité qu'il faut entendre.

Que veut dire le divin Jésus, dans ces mots : « jusqu'à ce que je vienne. » Pour nous, qui avons la foi à l'avénement du règne glorieux, rien n'est plus facile à comprendre ; Jean, dans les desseins de Notre-Seigneur, viendra, lors de ce second avénement de Jésus-Christ, c'est-à-dire, au règne de Dieu.

Mais il ne saurait venir, sinon pour exercer le souverain Pontificat, car le sens de la réponse est toujours celui de la demande. Or, Pierre a demandé si Jean ne lui serait pas associé dans le ministère de son pouvoir suprême, soit de son vivant, soit après sa mort. Nous verrons, dans l'Apocalypse, que cette venue, non-seulement a été promise, mais qu'elle doit être une réalité.

Il nous reste encore à pénétrer le sens divin de ces paroles : « Si je veux qu'il demeure. » Il y a donc un lieu, c'est-à-dire des mondes de lumière, où celui qui doit mourir, et qui est mort réellement, peut demeurer. Et non-seulement il peut demeurer, mais il peut venir. Il y a là un profond mystère qui exige des explications, si nous voulons bien comprendre le sens du divin Maître.

C'est un axiome admis par tous les Docteurs catholiques que Pierre vit en ses successeurs. Mais si Pierre vit en ses successeurs, il vient donc en eux par l'Esprit et la Vertu de son Ministère. Quoique mort, il demeure néanmoins en union avec ceux qui exercent le souverain Pontificat à titre de successeurs.

Mais si, à l'ère du second avénement où nous sommes, il plaît au divin Maître de faire que ce ne soit plus Pierre qui vive en ses successeurs, que peut-il importer à quelqu'un ? Au lieu de l'Esprit de Pierre, dans l'exercice du ministère du Pontificat suprême, le divin Jésus substitue l'Esprit de Jean. Est-il au pouvoir d'un être de résister à ces desseins de miséricorde ?

C'est là le sens divin des paroles du divin Maître. Jean est mis en réserve ; il demeure dans les mondes de la lumière jusqu'à la venue du règne de Dieu, et, à cette ère de l'histoire de l'humanité, une immense transformation s'accomplit. Pierre ne doit plus vivre dans l'exercice du Pontificat suprême, et Jean commence son Ministère d'amour.

Cette vérité, que nous affirmons à la face du Ciel, des Cieux, de la terre et des mondes, et des Esprits qui y habitent, peut nous valoir des injures, des calomnies de la part des aveugles et des ignorants, mais elle n'en est pas moins inébranlable. Les clameurs de ceux qui vivent dans les ténèbres nous importent peu; leurs erreurs passeront, mais la parole du Seigneur subsiste dans l'éternité des éternités, *Veritas Domini manet in Æternum.*

Le divin Maître a dit : « Si je veux qu'il demeure jusqu'à ce « que je vienne, que t'importe? » Ni les Evêques, ni les Docteurs, ni aucune créature ne saurait faire prévaloir ses pensées contre les décrets souverains du Tout-Puissant Seigneur. Aussi nous crions, et aucune oreille ne pourra rester fermée à nos cris, car nous parlons dans la vie de notre Ministère; oui, une immense transformation va s'opérer dans l'ordre religieux : l'Esprit de Pierre ne vivra plus dans ses successeurs, à l'avenir; après Pie IX, ce sera l'Esprit de Jean qui vivra dans ceux qui seront revêtus du souverain Pontificat.

O Pierre, vous qui vivez au sein de la lumière où l'erreur ne saurait pénétrer, vous le délégué du Maître qui pèse les Esprits et sonde les cœurs et les reins, vous savez que nous n'avons ici d'autre intention que de faire entendre à tous la vérité qui doit sauver les peuples et les nations. Ce n'est pas en vain que vous avez demandé au divin Jésus : « Et celui-ci, que lui arri- « vera-t-il? » Ce qui doit lui arriver, nous venons de le dire dans la lumière de la vérité.

Jean n'a pas dû vous être associé dans le ministère du Pontificat suprême; vous avez dû vivre vous-même, par votre ministère, dans une longue série de vos successeurs, jusqu'à la venue du règne de Dieu. Mais à l'ère de ce triomphe si universellement attendu, au milieu de tant de ruines dans l'ordre moral et religieux, Jean doit vivre dans les Elus à l'exercice du souverain Pontificat.

Jean vivra dans ceux qui doivent exercer le ministère du Pontificat d'Amour, et c'est par l'amour que l'Evangile sera connu et mis en pratique jusqu'aux extrémités de la terre. Nous dirons dans le chapitre suivant pourquoi le ministère d'amour sera plus fécond que celui de la doctrine; *ubera tua, id est amores tui, meliora sunt vino, id est doctrinâ. (Cant. des Cant. 1. 1.)*

Lorsqu'il y a dans les saintes Ecritures un mystère profond, nous pouvons être assurés qu'il sera éclairé sous les deux faces, afin de ne pas laisser la porte ouverte à une fausse interprétation de la part de ceux qui cherchent la vérité avec un cœur droit et le désir ardent de la connaître. L'importance de la transformation du souverain Pontificat, où Pierre vit en ses successeurs, en celui de Jean, vivant dans les Elus à ce même Pontificat suprême, ne saurait être mis en doute. Dès lors, après la parole même du divin Maître, il nous faut rechercher dans nos Livres Saints la confirmation de cette vérité.

Ainsi que nous l'avons dit, l'Apocalypse est la révélation de la révélation, c'est l'Evangile du second avénement de Notre-Seigneur Jésus-Christ; nous trouverons donc là les textes qui nous manifesteront, dans une claire lumière, cette doctrine. Au chapitre X, en effet, nous allons retrouver ce mystère très-clairement révélé, et le doute ne sera plus possible pour tous ceux qui préfèrent la vérité aux préjugés de l'erreur.

Nous allons exposer, en citant les textes, cette doctrine où l'Aigle de Pathmos s'élève jusqu'à la connaissance des plus sublimes mystères.

« Alors, je vis, dit le Voyant Prophète, un autre Ange puis-
« sant qui descendait du Ciel, environné d'une nuée; il avait
« un arc-en-ciel sur la tête, et son visage était comme le soleil,
« et ses pieds comme des colonnes de feu. Il tenait à la main
« un petit livre ouvert, et il mit le pied droit sur la mer et le
« gauche sur la terre. » (v. 1-2.)

Si nous savons saisir la clef de ces paroles, l'Ange qui est désigné dans le texte est celui du règne de Dieu, où nous sommes. Le Livre qu'il tient à la main est le complément codicilaire des vérités annoncées par le divin Sauveur, en disant : « J'ai encore beaucoup d'autres choses à vous dire, » et qu'Elie a fait connaître. L'Ange de l'avénement de Jésus-Christ tient un de ses pieds sur la mer, c'est-à-dire sur toutes les œuvres du vieil homme qui doit être vaincu, et l'autre s'appuie sur les promesses faites à Abraham et à sa race dans les siècles, c'est-à-dire sur la terre, pour le triomphe du bien.

« Et quand les sept tonnerres eurent fait entendre leurs voix, « continue saint Jean, j'allais écrire ce que j'avais ouï; mais « j'entendis du Ciel une voix qui me dit : tiens secrètes les « choses que les sept tonnerres ont dites et ne les écris point. » (v. 3.)

Ces sept tonnerres sont l'ensemble des Esprits des Cieux de la gloire, qui manifestent au sublime Voyant ce que Dieu a résolu d'accomplir, aux jours du règne de Dieu, par Marie. Le prophète se disposait à écrire ces promesses si consolantes, mais une voix du Ciel lui ordonne de les garder sous le sceau du mystère, parce qu'Elie doit venir manifester ce Codicile du Testament à l'heure voulue de Dieu. C'est ce qui a eu lieu de nos jours.

Aux versets 5, 6 et 7, l'Ange fait le serment, par celui qui vit au siècle des siècles, qu'il n'y aura plus de temps, et que le mystère de Dieu serait accompli.

Le sens divin de ces paroles, c'est que l'heure de Dieu viendra et que ses desseins seront accomplis, ainsi qu'il l'a déclaré à ses serviteurs les prophètes, par la venue du règne de Dieu et son avénement.

Aux versets 8, 9, 10, la voix ordonne à Jean de prendre des

mains de l'Ange le Livre ouvert et de le manger. C'est ce que saint Jean fait, et ce livre lui fut doux dans la bouche comme du miel; mais quand il l'eut avalé, il lui causa de l'amertume dans le ventre.

Ceux qui ont l'intelligence des énigmes que les saintes Ecritures renferment sous les symboles, savent que ce livre qu'il faut manger n'est autre chose que la doctrine qu'Elie fait connaître comme le complément codicilaire de l'ancien et du nouveau Testament. Cette doctrine est bien douce à entendre pour la foi; elle ravit de joie. Mais si on s'applique à la mettre en pratique, elle est pleine d'amertume pour le vieil homme en nous. C'est par elle qu'il faut mourir à nous-même, à nos passions, à nos mauvaises inclinations; il n'y a, dès lors, point lieu de s'étonner de l'amertume qu'elle cause dans le ventre. Mais elle nous apporte aussi la rénovation et la régénération.

Voici la conclusion du chapitre qui confirme si bien la doctrine du chapitre XXI de l'Evangile de saint Jean:

« Alors il — l'Ange du règne de Dieu — me dit: Il faut que
« tu prophétises ou enseignes de nouveau, *Oportet te iterum*
« *prophetare*, aux nations et aux peuples, aux hommes de diverses
« langues et à beaucoup de rois. » *(Apocalypse. X. II.)*

Mais comment Jean, apôtre, évangéliste et prophète, pourrait-il exercer de nouveau son ministère? Ce ne saurait être manifestement que par son Esprit à la manière dont Pierre vit en ses successeurs, puisqu'il est mort.

Ainsi le grand mystère du règne de Dieu par Marie dans les temps présents où nous sommes se trouve dévoilé et mis en lumière. Pierre par son Esprit doit vivre, par son ministère, dans ses successeurs, jusqu'à l'Ere de l'avénement de Jésus-Christ, « jusqu'à ce que je vienne, » selon la parole du divin Sauveur. Mais Jean doit être mis en réserve dans les mondes

de la lumière, selon ces paroles : « si je veux qu'il demeure. »
Et à la venue du règne de Dieu, c'est lui qui doit vivre, par
son ministère, dans ceux qui seront investis du souverain
Pontificat.

C'est à ce titre et de cette manière que les paroles de l'Apocalypse doivent recevoir leur accomplissement : « Il faut que tu
« enseignes de nouveau. » Et alors la sainte Eglise de Dieu,
par la vertu et la puissance du Pontificat d'amour, verra se
réaliser les paroles du prophète Isaïe : « Qui a jamais entendu
« une telle chose ; et qui en a vu une semblable ? La terre
« enfantera-t-elle en un jour, et une nation pourra-t-elle naître
« en même temps, comme Sion a enfanté et mis au monde ? »
(Isaïe. LXVI. 8.) Jean, dans son ministère, par son Esprit et sa
Vertu, dans les élus au souverain Pontificat, aura la joie de
sacrer le Monarque Fort. Et les paroles de l'Ange seront
réalisées : « Il faut que tu enseignes de nouveau les peuples et
« les nations, les hommes de diverses langues et plusieurs
« rois. »

L'Eternel, notre Dieu s'exprime ainsi : « Moi qui fais enfanter
« les autres, ne ferai-je point enfanter Sion ? » c'est-à-dire
l'Eglise sous le ministère de Jean. « Moi qui fais naître,
« resterai-je stérile en Elle, a dit le Seigneur, notre Dieu. »
(v. 9.)

Nulle puissance au Ciel, sur la terre, ni dans les enfers, ne
saurait prévaloir contre la Sagesse de Dieu. C'est ainsi que le
grand mystère des temps présents est dévoilé pour ceux qui
ont des yeux pour voir et des oreilles pour entendre.

CHAPITRE IV

DE LA PUISSANCE DU SOUVERAIN PONTIFICAT D'AMOUR ;

LA FOI S'ÉTEND SUR TOUTE LA TERRE.

Le triomphe de l'Eglise est l'objet de l'attente universelle, parmi les fidèles ; toutes les voix prophétiques l'annoncent et l'affirment. Néanmoins, il n'est pas possible de le nier, l'impiété grandit sans cesse, et l'immoralité est à son comble. Où est donc la raison de cette espérance ? Sur quoi repose cette attente universelle qui est en opposition avec les faits et les progrès croissants de vices et de passions.

Pour obtenir le triomphe, il faut nécessairement une force capable de surmonter et d'avoir raison de ce mal, dont les ravages ne cessent de s'accroître de jour en jour. Si l'espérance est dans la restauration de la domination du Sacerdoce, dans ce cas, comment cette même domination qui n'a pas eu la vertu de conserver la foi au sein des peuples et des nations, qui a amené la grande majorité à une rébellion ouverte, pourrait-elle trouver des moyens efficaces d'opérer une conversion si nécessaire ?

Il n'entre pas dans notre pensée de soulever la question des abus dont les masses se font une arme pour rendre légitimes les voies où elles marchent. Notre intention est de ne pas prendre parti, ni pour un camp, ni pour un autre ; nous sommes du côté de Dieu, et les desseins de sa Sagesse sont notre unique lumière. Mais si, dans le passé, le ministère de Pierre, avec toutes les forces spirituelles qui sont à ses ordres et sous son action, ne nous a pas empêchés d'être entraînés à l'abîme dans lequel nous sommes, où pourrait être la raison du grand triomphe attendu, si Dieu ne donne pas à la terre une puissance nouvelle ?

Si nous attendons avec un légitime fondement un triomphe universel pour l'Eglise, selon notre foi profonde, nous sommes contraints, par la saine logique et la lumière de la vérité, de reconnaître que Dieu doit opérer la transformation du ministère de Pierre en celui de Jean, dans lequel nous verrons vivre et agir le souverain Pontificat d'amour.

Dieu est amour ; Jean donnera à la terre le ministère d'amour. Voilà le vrai fondement de notre espérance dans le triomphe de l'Eglise, malgré l'impiété et en dépit de l'immoralité. L'amour aura la puissance de vaincre le mal, de réduire à néant toutes les forces adverses et d'assurer le triomphe du bien.

L'esprit de domination a fini son règne. C'est bien en vain que les évêques se serrent, selon l'expression de l'un d'eux, autour du Pape, les curés autour des évêques, les fidèles autour des curés. Tous ces efforts, non-seulement ne sauraient donner la victoire ; mais cette manière de se ranger en bataille pourrait avoir pour effet de conduire à des abîmes et aux catastrophes les plus sanglantes dont les annales du monde aient conservé le souvenir.

Dans tous les cas, qui pourrait voir dans cette lutte, qui sera peut-être relevée comme un défi, ce triomphe de l'Eglise, objet de l'attente des cœurs et des âmes ?

Nul n'ignore ce qui a eu lieu dans ces derniers temps. On n'a reculé devant la mise en œuvre d'aucun moyen. Le divin Sauveur avait dit à Pierre : « Remets ton Epée dans le fourreau,

« car quiconque frappe de l'Epée périra par l'Epée. » La France a armé son bras ; d'autres aussi ont pris le glaive ; mais tout a été vain. Qui donc est capable d'assurer le succès à ce qui n'entre pas dans la sagesse des desseins de Dieu ?

Ah ! nous, envoyé de Dieu pour crier la vérité, sans qu'aucune oreille soit fermée à nos cris, humble serviteur de Jésus et de Marie, inconnu, méprisé, calomnié, nous ferons connaître où est l'espérance de l'avenir. Nous proclamerons, et les échos du Ciel et de la terre le rediront, quelle est la puissance invincible de l'amour, que le ministère de Jean, dans les Elus au souverain Pontificat, va mettre en œuvre pour le triomphe de l'Eglise.

Nous apprendrons au monde qui l'ignore qu'il y a sur la terre des âmes qui s'offrent en victimes. Que tous le sachent bien, il y a parmi nous, souvent à côté de nous, des âmes inconnues, pauvres, délaissées de tous, qui, à l'exemple de l'apôtre saint Paul, ont consenti à se faire anathème du Christ pour le salut de leurs frères.

Le divin Rédempteur n'hésita pas, dit saint Paul, « à se faire « péché pour nous, *pro nobis fecit peccatum.* » A ce titre, il a été l'homme de douleurs, et le poids de Justice de Dieu l'a crucifié sur la Croix du calvaire. Ainsi les âmes victimes, imitatrices de la grande Victime du Golgotha, souffrent toutes les peines que les péchés sans nombre qui sont commis nous méritent devant la Justice éternelle.

Les droits des démons sur ces âmes courageuses sont en proportion des iniquités dont se rendent coupables ceux pour lesquels elles expient, en union avec Jésus, Marie, Joseph. Ceux qui sont les témoins de leur martyre voient se renouveler sous leurs yeux les scènes de la passion du Sauveur, car ces victimes accomplissent ce qui manque aux souffrances du Christ, selon la parole de l'Apôtre.

Ces âmes sont-elles en grand nombre? Nous sommes loin, bien loin de les connaître toutes, et nous affirmons, devant Dieu, qu'il y en a dans tous les pays. Depuis des années, nous ne faisons jamais un voyage sans en connaître de nouvelles. Il y en a au Nord, au Midi, au Centre, à l'Est, à l'Ouest; il y en a un très-grand nombre en France, mais il y en a aussi en Italie, en Allemagne, en Espagne, en Amérique, dans les îles; en un mot, partout.

La presse, il est vrai, garde le silence sur ces victimes; elle fait écho à tout ce qui tient aux passions; mais pour ce qui est des choses de Dieu, elle n'a ni des yeux pour voir, ni des oreilles pour entendre. Il ne faut rien attendre de ce côté; ce sont là les secrets divins qu'il faut chercher; et quiconque cherche trouvera.

Les âmes victimes aiment à souffrir dans le silence; elles veulent à tout prix rester inconnues au monde. C'est là aussi une raison pourquoi les hommes n'ont point connu le mystère de ce moyen de salut que le Ciel a donné aux temps présents.

Que serait devenue l'Eglise de Dieu si le Ciel n'avait pas suscité, pour sa défense et sa protection, ces victimes? Nous connaîtrons ce secret au jour où Dieu se plaira à manifester aux yeux de tous ce qui est caché. Mais si les ruines de l'ordre moral et religieux se sont accumulées jusqu'au degré où nous les voyons, nous pouvons présumer quel aurait été l'écroulement de l'Edifice sans le soutien qui a été apporté par ces moyens divins.

A ceux qui révoqueraient en doute combien les victimes sont nécessaires, nous nous contenterons de placer sous les yeux les visions qui suivent. C'est le glorieux saint Joseph qui parle, par la plume du plus sublime des Prophètes, dans la mission d'Elie. Nous citons quelques extraits des *Entretiens de saint Joseph*.

« Oh! mon ami, quel temps épouvantable pour l'Eglise du
« Seigneur. La désolation et l'abomination seront dans le lieu
« saint; des hordes infâmes se rueront sur les pasteurs avec
« une rage horrible. La plus dégoûtante doctrine sera offerte
« aux chefs sacrés de la bergerie de Jésus-Christ. Les maisons
« religieuses recevront, avant les palmes du martyre, une pro-
« position sacrilége. »

« Hélas! quel nombre incalculable se rangeront du côté où
« on leur promettra la paix pour leur condescendance. Pauvres
« créatures! Il y a deux morts dans cette criminelle doctrine
« qu'on leur présentera. Le démon exigera peu au commen-
« cement. Les lumières de l'Enfer brilleront d'abord sous de
« belles couleurs : on les offrira sous un aspect répondant
« frauduleusement aux idées d'une charité admirable. Ensuite
« on exigera des concessions plus répugnantes, mais auxquelles
« on cédera encore pour s'être engagé à admettre les premières.
« Après, le voile se lèvera, et la monstruosité de l'infernale
« doctrine viendra solliciter d'infâmes adhésions; on tremblera,
« mais l'habitude de l'égoïsme, l'orgueil et la vanité adopteront
« tout, sinon la mort, qui pourtant sera le terme et la récom-
« pense que peut seul donner le maître de l'Enfer. »

« Oh! oui, mon bien aimé, la main criminelle qui signera
« le serment coupable que les suppôts de l'Enfer exigeront, par
« promesses ou par menaces, sera tranchée par ceux-là même
« qui avaient tant insisté pour l'obtenir. » (*Entretien* XXXIII.)

Nous avons vu la séduction; il faut connaître aussi jusqu'où
s'étendront les iniquités, afin que chacun comprenne qu'il ne
saurait y avoir de salut que par la prière des victimes et des
saints.

« Priez, frères, priez pour les prêtres. — C'est aussi le cri
« que le Ciel fait entendre à toutes les âmes victimes. — Oh!

« si vous saviez les crimes que ceux qui vous accusent com-
« mettront, quand les hordes les auront attirées, par frayeur,
« à sanctionner une fraternité et une égalité outrageantes et
« coupables aux yeux du Très-Haut. »

« Autel du vrai Dieu, la femme lubrique parlera aux passions
« élevées sur tes tabernacles. La luxure effrénée aura ses canti-
« ques, dont les sales clameurs ébranleront les voûtes des
« temples qui ne devraient entendre que les hymnes et les chants
« d'amour que l'âme vraiment chrétienne fait monter vers son
« aimable Auteur.

« Eglise de Jésus-Christ, tu connais la beauté du Cantique
« des Cantiques, hélas! hélas! ce Cantique mystérieux, ce
« Cantique que doit comprendre l'âme régénérée par la troisième
« personne de l'auguste Trinité, va donner l'essor et servir
« comme autorisation aux plus effroyables débordements. »

« Oui, mon ami, nombre de maisons religieuses deviendront
« l'asile où se consommeront les plus dégoûtantes fornications...
« Le soleil qui luira dans ces jours malheureux sera de sang,
« et les feux dont il échauffera les créatures seront terribles par
« leur intensité ; fleau plus terrible que toutes les calamités
« dont le Ciel peut frapper les hommes. » (*Entretien de saint
Joseph* XXXIII.)

Nous pourrions ajouter à ce tableau des traits où les iniquités
de la terre s'élèveront encore plus haut; mais nous serions trop
détournés de notre but. Nous avons hâte de montrer la force
et la puissance dont sera revêtu le souverain Pontificat d'amour
dans le ministère de saint Jean succédant à celui de Pierre.

Il ne saurait être nécessaire de résumer ce que peut l'Esprit
de domination pour les œuvres de la vie divine, et ce qui peut
être produit par la vie de la simplicité, de l'abnégation et de
l'amour pur, céleste et divin. L'amour de Dieu est plus fort

que l'indomptable mort ; sa puissance est bien au-dessus de celle de l'Enfer.

C'est par l'amour seul qu'il peut être possible de vivre en Dieu, de vivre de Dieu, de vivre pour Dieu. « Pour vivre en Dieu, il faut opérer réellement et en vérité des actes et des œuvres dignes de lui et en tout conformes à sa volonté. Pour vivre de Dieu, il est nécessaire qu'il y ait quelque chose de divin dans tous nos actes, même les plus inférieurs, car l'infériorité de toute action humaine est relevée par la supériorité de notre unification avec lui. Vivre pour Dieu, c'est comme si nous l'avions nous-même incarné en nous, afin qu'il opérât par nos facultés, par nos organes et par notre vie. »

Ainsi nous devenons par l'amour de vrais Christs, par Marie et en Marie et saint Joseph. Alors il nous est permis de parler de certitude, de justice et de vérité ; nous vivons dans la paix et la lumière, et nous apportons partout la consolation. Nous sommes des êtres libres, et cette liberté sainte, dont nous sommes les apôtres, n'est que pour l'anéantissement du mal et le triomphe du bien.

L'Esprit de domination a créé au sein de toutes les nations un antagonisme qui menace de faire couler des torrents de sang. Les haines se sont élevées à un tel degré, que nul ne saurait voir les choses sans être saisi de crainte. Qui donc dira que ce sont là les leçons de la Victime du Calvaire ? L'Apostolat qui vit de l'Esprit de Jésus doit apprendre, au pied de la Croix, à s'immoler pour le salut de ses frères.

Tandis que des plaies sacrées du Sauveur découlait, avec son sang, la semence de l'amour, Jean seul parmi les douze était présent au Calvaire, où l'amour divin nous donna la preuve de l'amour. C'est là qu'il a compris, comme à la Cène, ce tendre amour qui a pu dire avec vérité : « Je ne suis point

« venu écraser la mèche qui fume encore. Je ne veux pas
« rompre le roseau parce qu'il est courbé. Je ne suis pas venu
« pour les Justes, mais bien pour les pécheurs. »

Le souverain Pontife d'amour a été formé à la Cène et au
pied de la Croix. Il a été mis en réserve pour les temps présents où l'amour seul est capable de sauver le monde. Si nous
n'avions pas cette espérance, il faudrait nous voiler la tête, car
c'est en vain que les partis mettent leur espoir dans la force et
la puissance du glaive. La force amène l'effusion du sang;
mais elle est impuissante à donner la paix et l'harmonie.

L'amour sacré, l'amour libre, l'amour vrai, l'amour qui
triomphe du mal par le bien, appartient à ce cœur qui a reposé
sur le Cœur de l'Homme-Dieu. Constitué gardien de Celle qui
est la Colombe sacrée de l'Arche de l'amour, comme le fils
de cette Femme qui avait enfanté l'amour divin, il pourra nous
apprendre, par son ministère, ce qu'était cet amour qui, dans
le Cœur du Fils et de la Mère, s'est fait Victime pour le salut
et la délivrance de tous.

Oh ! qui nous dira quelle est la vertu, l'efficacité, la force,
la toute-puissance du souverain Pontificat d'amour ? « L'amour
« est Esprit, en s'unissant au Corps qu'il ravit par ses pures
« délices, il le rend amour à son image. Alors de matériel qu'il
« est par sa nature, l'Esprit amour l'emporte avec lui dans les
« régions éternelles, sous le nom mystérieux d'Esprit de
« pureté. »

Pourquoi le divin Maître nous a-t-il révélé son Cœur, par
une Elue choisie, si non pour nous faire savoir qu'aux jours du
règne de Dieu, l'amour règnerait, par l'effusion du Saint-
Esprit. Il faut donc que le Ministère d'amour soit assis, sur le
trône, non plus terrestre, mais spirituel du souverain Pontificat.

« Si je veux qu'il demeure jusqu'à ce que je vienne, » a dit le divin Jésus. Or, Jésus va venir par Marie, il faut donc aussi que le Pontificat d'amour soit une réalité. Jean doit vivre en ceux qui seront placés au sommet de la hiérarchie sainte, par son esprit. C'est dans ce sens que Pie IX est le dernier en qui Pierre vit, ainsi qu'un si grand nombre de Voyants l'ont annoncé.

C'est sous le souverain Pontificat de Jean que ces paroles des Livres saints recevront leur accomplissement : « Il y aura « des cieux nouveaux et une terre nouvelle où la Justice « habitera. » Ah ! si le monde voulait entendre les vérités que le ciel a fait connaître, en envoyant à la terre l'Esprit et la Vertu d'Elie dans la mission de prophétie, il y aurait des transports de joie, à faire naître l'envie dans les heureux possesseurs de la Gloire éternelle.

Les pasteurs légitimes constitués par le successeur de Pierre crient bien haut, il nous a été dit : « Vous êtes la lumière du « monde ; » cela est vrai. Mais il a été aussi écrit : « Il était « la vraie lumière qui éclaire tout homme venant en ce monde. » Il ne saurait être possible d'en douter, les Pasteurs n'ont la lumière qu'en tant qu'ils la puisent en Celui qui seul est la vraie lumière.

C'est ici qu'un sévère examen de conscience serait nécessaire. Il est bon d'être la lumière du monde, mais alors pourquoi au moment où la terre est à l'aurore d'une Ere nouvelle, nul n'a des yeux pour voir et des oreilles pour entendre. D'où vient ce phénomène étrange que lorsque les nations courent aux abîmes et que les peuples menacent d'en venir à une lutte fratricide, il n'y a point de guides pour les sauver ?

Dieu a envoyé l'Esprit et la Vertu d'Elie, afin que la terre ne soit pas frappée d'interdit, selon la prophétie de Malachie. Pourquoi ne pas faire une étude attentive de tant de signes du Ciel ? Le plan de Dieu n'est pas aux ordres de ceux qui ne sont que des ministres et des administrateurs des mystères de Dieu, selon la doctrine de saint Paul.

Quels sont les vrais fils de la lumière, dans les temps où nous sommes : Ce sont ceux-là seuls qui élèvent vers le Ciel des mains suppliantes, afin de calmer la Justice de Dieu provoquée par les iniquités des hommes, dans tous les rangs et dans toutes les conditions. Les amis du divin Cœur de Jésus et de Marie sont ceux qui plaident la cause de la miséricorde pour les coupables, les égarés et les pécheurs.

Quant à ceux qui s'enrôlent sous la bannière des partis et n'ont d'autre désir que la mort de leurs adversaires, malheur, septante fois sept fois malheur à eux. La loi divine est terrible, car elle applique la loi du talion. Si votre cœur veut, désire, souhaite la mort de vos frères, devant Dieu il signe son arrêt de mort.

Dans son admirable discours sur la montagne, le divin Maître dit : « Ne jugez pas et vous ne serez pas jugés. » Mais si vous voulez la mise hors la loi de vos frères, vous tomberez sous le coup du jugement.

« On vous jugera du même jugement que vous aurez jugé ; « et on vous mesurera de la même mesure que vous aurez « mesuré les autres. » (Saint Matth. viii. 2.) Selon cette loi divine, à quelque parti qu'on appartienne, si on agit en vue de faire du mal aux autres, qu'on le sache bien, il ne saurait être possible d'échapper à l'arrêt de la justice de Dieu. Or, Dieu a à ses ordres tous les fléaux : la peste, la famine, la guerre, la maladie et la mort.

L'avenir appartient au souverain Pontificat, dans le ministère de l'amour pur, spirituel, céleste et divin ; c'est celui en qui Jean vivra. Il consacrera le grand Monarque ; mais c'est les pieds nus qu'il accomplira cette solennelle Cérémonie. Ainsi le monde pourra apprendre que le plus grand sur la terre n'est pas celui qui possède le pouvoir et la richesse, mais bien celui qui, foulant sous ses pieds toutes les vanités de la terre, cherche avant tout le royaume de Dieu et le salut de ses frères.

Des savants de premier ordre ont souvent parlé d'un sixième sens, faisant partie des lois essentielles de la nature humaine ; c'est par ce sens que nous entrerons dans les relations qui semblent être l'apanage exclusif des Etres spirituels. Mais l'homme régénéré n'est-il pas plutôt spirituel que terrestre ? Pourquoi, dès lors, l'Esprit de pureté qui régénère le corps ne nous donnerait-il pas la conscience et la possession de ce sixième sens ?

Alors les Esprits revêtus de la nature humaine possèderont les nouveaux Cieux et la nouvelle terre où la Justice habitera. Que de choses il nous reste à dire sur ce sujet ; mais il faut nous restreindre à parler du ministère d'amour. Nous aurons l'occasion d'exposer la vérité sur les autres questions, si dignes de fixer l'attention de tous les esprits.

CHAPITRE V

LE MYSTÈRE DU MONARQUE FORT MIS EN LUMIÈRE;
PREUVES DE SON RÈGNE.

La France est la fille aînée des Nations; c'est vers elle, nous dit le prophète Elie, que le divin Jésus jetait ses derniers regards lorsque, tourné vers l'Occident, il remontait vers son Père dans les Cieux. C'est la Nation cœur, de laquelle doit sortir le Libérateur promis à la terre. Toutes les nations pressentent qu'il doit s'accomplir en Elle de grandes choses, car elles se réjouissent et elles espèrent quand elle espère et se réjouit.

C'est l'objet de l'attente de tous les Croyants : le Monarque Fort est appelé par le Ciel à régner sur la France régénérée, et c'est sous ce règne que notre Patrie sera le vrai Cœur de toutes les nations et de tous les peuples de la terre. Mais il y a un mystère profond dont le Seigneur veut nous faire déchirer le voile aux yeux de tous. Après avoir mis en lumière le mystère du grand Pontife, c'est pour nous une obligation sainte de faire connaître le mystérieux secret de ce que doit être le Monarque Fort.

Mais, avant tout, nous allons citer un texte où le grand Archange saint Michel a daigné parler par la voix du Prophète en la mission d'Elie. L'explication de ces paroles célestes manifestera la vérité dans toutes les clartés de la plus pure lumière.

« Quel ravissant aspect, dit-il, dans ces temps heureux où
« le sacré Vicaire du Christ, marchant pieds nus, guidé par des

« Anges que lui enverra le Tout-Puissant, et portant en ses
« mains saintes et vénérables la Couronne de Lys à feuilles
« d'or, la posera sur le front humilié du Monarque Fort.

« Quelles seront pures alors ces pieuses acclamations d'une
« grande partie de l'univers assemblé ! Qu'il sera grand et
« magnifique aux yeux de tous ce Cyprès pyramidal, quand le
« plus saint des Pontifes aura couronné sa cime.

« Quelle merveilleuse surprise de voir la Fleur d'Artois élevée
« à la hauteur d'un Cèdre, s'enlacer dans ses branches.

« Que son bonheur sera grand, — à sa mère, — quand elle
« verra l'odorant Jasmin s'unir à la Rose parfumée de Damas.

« Que ces jours seront beaux ! que tout Français qui les
« verra naître éprouvera de bonheur ! Quel temps agréable au
« Seigneur que ces temps où quatre Rois très-chrétiens gou-
« verneront la terre ! De quelle force gigantesque sera revêtu
« ce glorieux Palmier de la maison d'Artois ! Quels cris de
« victoire environneront son char. L'univers étonné croira voir
« en lui le victorieux David et l'invincible Samson.

« O étendard de la Croix, quelle puissance tu donneras à
« ceux qui se rangeront sous tes frais ombrages ! Ton aspect
« suffira pour rappeler à la lumière les peuples les plus sau-
« vages. » (*Paroles de l'Archange saint Michel : Livre d'or*,
pages 152 et 153.)

Ce langage prophétique est très-difficile à entendre, mais
celui à qui le Ciel a donné la clef des sept mystères peut en
donner une explication si claire, que chacun en reconnaîtra la
vérité. Daniel expliqua à Nabuchodonosor son songe, et il
connut le sens des mots gravés sur la muraille, par la main de
l'Ange, sous les yeux de Balthazar ; de même, nous allons
manifester le sens des paroles du glorieux saint Michel.

Mais, avant tout, il faut se rappeler ce qui a déjà été dit dans les chapitres qui précèdent, concernant la communication de l'Esprit et de la vertu d'Elie, et de la communication de l'Esprit et de la vertu de Marie. Il importe aussi d'avoir présent à la mémoire comment Jean doit vivre en ceux qui seront Elus au souverain Pontificat, puisque ces vérités reposent sur la doctrine des saintes Ecritures comme sur un fondement inébranlable.

Ceux qui sont initiés à la science peuvent se souvenir du règne des dynasties divines chez les Egyptiens, c'est-à-dire comment des Esprits étaient unis aux Rois de ces pays et régnaient conjointement avec eux. C'est là le profond mystère si connu aux temps des Patriarches, avant et après le déluge, et dont le livre sacré du Zohar, chez les Juifs, a conservé l'enseignement.

Ainsi, si on lit avec une sérieuse attention le texte prophétique ci-dessus, nul ne saurait le nier, deux Monarques y sont désignés. L'Archange s'exprime dans le langage des symboles, mais il a bien en vue deux personnes distinctes, quoiqu'elles soient unies dans la possession du même titre.

Il y a dans le soldant de la mort ce grand et magnifique Cyprès Pyramidal, dont le plus saint des Pontifes couronne la cime. Celui-ci est Louis XVII, qui a été sauvé de la mort dans la prison du Temple et qui est mort en 1845. Le Ciel l'a appelé à venir s'unir, par la communication de son Esprit et de sa vertu, à l'Elu de la vie.

A l'égard de celui-ci, l'Archange saint Michel le désigne en termes si clairs, que ni le doute, ni l'hésitation ne sauraient être permis. C'est la Fleur de la maison d'Artois, élevée à la hauteur d'un Cèdre, qui s'enlace avec le soldant de la mort, en acceptant la communication de son Esprit et de sa vertu.

Ainsi l'odorant Jasmin, Henri V, de fleur d'Artois devient le glorieux Palmier de la maison d'Artois, doué d'une force qui e rend comparable au victorieux David et à l'invincible Samson.

Nous dirons, dans le chapitre suivant, comment la démocratie acceptera, avec des transports d'allégresse, de placer à sa tête cet Elu de la vie, appelé par tous les prophètes du nom si privilégié de Monarque Fort, par son union en l'Esprit et en la vertu avec Louis XVII, le fils du Roi martyr et de la Reine martyre aussi.

A ceux qui demanderaient une preuve sans réplique que le fils de Louis XVI fut sauvé de la prison du Temple et a vécu jusqu'en 1845, il suffira de rappeler la mission céleste qui fut confiée à Thomas-Martin de Gallardon. Le roi Louis XVIII reçut l'envoyé de Dieu ; c'est au Ciel à dire les remords dont il fut assailli à son lit de mort pour avoir méconnu cette mission. Quand à Charles X, c'est d'avoir passé outre à la connaissance de ce fait qu'il dut sa chute du Trône et sa mort dans l'exil.

Nous le crions au nom de la prophétie, jamais, jamais, jamais Henri V ne pourrait remonter sur le Trône, pour lequel le Ciel l'a destiné, s'il avait le malheur, — ce qu'à Dieu ne plaise, — de nier le fait divin par lequel son Esprit, son âme et son cœur doivent être unis, dans la mission du Monarque fort, à l'Esprit et à la vertu de Celui qui est mort, selon la loi de la vie terrestre, mais qui vit au sein de la lumière.

Des Esprits aveugles et insensés s'imagineront que nous exprimons là une doctrine spirite. Il y a aussi loin de cet enseignement doctrinal à celui du spiritisme, tel qu'il a été exposé jusqu'à ce jour par les chefs de cette secte, spiritualiste ou spirite, que le Ciel est éloigné de la terre. Les Ecoles de spiritisme croient à la réincarnation des Esprits, et nous, nous affirmons que cette réincarnation est une erreur monstrueuse et sans aucun fondement.

Mais la doctrine qui admet la communication de l'Esprit et de la vertu de celui qui a payé la dette de la mort, mais qui vit en Dieu, repose sur la base des saintes Ecritures et de toutes les traditions sacrées à travers tous les siècles. C'est assez pour les cœurs droits et sincères; quant à ceux qui sont de mauvaise foi, nous les laissons à leurs mensonges et à leurs calomnies.

Celui que la Jeanne du salut appelle, dans la lumière du Ciel, le Prince de la Paix que nous fera le Seigneur, a le sentiment de son retour dans sa Patrie. Il ignore par quelle voie providentielle il y rentrera. Nous aurons le bonheur de le lui apprendre, puisque le Ciel a daigné nous le faire savoir.

Nous allons citer un autre passage bien plus difficile encore à bien entendre que l'autre; mais le Ciel nous a donné la clef de ce mystère, et nous en exposerons le sens dans la lumière de Dieu. L'Archange saint Michel s'exprime ainsi :

« Enfants du Seigneur, vous verrez bien des choses qui feront
« chanceler votre foi; demandez au Dieu fort qu'il ne vous
« laisse point abattre, et quand vous verrez arriver, à la tête
« d'une armée formidable, l'héritier de la maison d'Artois, ne
« vous refusez pas à servir sa cause.

« Temps heureux de prodiges et d'amour! Mais aussi quel
« temps de misères, de deuil et de douleur pour y arriver.
« Quelle sainte allégresse pour vous, âmes fidèles, lorsque vous
« verrez que celui qui, par sa naissance et ses vertus, vous est
« si cher, ne sera point défait comme le sont ordinairement
« ceux qui combattent, qu'il ne portera point les marques du
« regret et de la déception. L'ange qui te parle lui fera tout
« connaître et remplira son cœur d'une charité inconnue aux
« hommes de ce siècle. » (*Livre d'or*, page 208.)

A l'heure présente, combien sentent leur foi chanceler, selon la parole du glorieux Archange. La démocratie qui triomphe en acclamant la république, repousse l'Elu du Ciel, qui seul peut être capable de donner satisfaction à ses légitimes aspirations. Mais ce qui doit s'accomplir ouvrira les yeux des plus aveugles; les misères, le deuil et la douleur vont faire entendre les plus sourds.

Alors le Cœur d'Henri V gagnera tous les cœurs, parce qu'il ne fera point de proscrits ni de massacres. Il fera connaître à la terre une charité dont elle n'aura point vu d'exemple dans tous les siècles qui nous ont précédé.

Mais quelle est donc cette armée à la tête de laquelle doit arriver l'héritier de la maison d'Artois? C'est ici que la lumière du Ciel est plus que jamais nécessaire, car la lettre des paroles divines tue, nous dit saint Paul, mais l'Esprit vivifie. Cette armée formidable ne sera pas composée d'hommes armés de glaives, ni montés sur les coursiers de bataille, ce seront les élus du Ciel qui ne connaîtront que la prière. A leur tête sera placée la grande Jeanne du Salut, la Femme Forte, qui aura autour d'elle d'autres Elues, appelées aussi du nom de Jeanne, formant le marisiaque du Carmel d'action.

Ces Elus de toute condition et de tout sexe seront en petit nombre; mais, à leur prière, des milliers et des milliers d'Esprits viendront s'unir à eux, et c'est là la véritable armée formidable à la tête de laquelle marchera l'héritier de la maison d'Artois. C'est avec eux que le grand Archange fait la recommandation expresse de ne pas se refuser à servir cette cause. La victoire est assurée à cette armée formidable d'une espèce nouvelle; c'est pourquoi l'Archange s'écrie : « Temps heureux de prodiges et d'amour! »

Nous connaissons déjà un certain nombre de ceux et de celles qui sont prêts à s'enrôler sous cette bannière; elles ont reçu, dans ce but, les onctions saintes, et elles se préparent à ce grand jour de triomphe. Il y en a au Midi, à l'Est, au Centre et dans les diverses contrées de notre chère Patrie. Nous allons citer ce qui complète le texte ci-dessus.

« Quel ravissant spectacle pour une partie de l'univers
« assemblé de voir un guerrier belliqueux prêt à monter les
« degrés d'un trône, y conduisant et y faisant asseoir celui que
« le Seigneur lui aura fait connaître, se prosternant à ses pieds
« et le saluant du nom de Monarque Fort, apprenant à la foule
« assemblée combien son âme est ravie d'avoir eu l'insigne
« honneur de rétablir sur le Trône de ses pères Celui que l'envie
« et l'affreuse politique avaient cherché à anéantir et que le
« Dieu de toute justice avait conservé pour la paix de tous. »
(page 208.)

Pour entendre le sens divin de ce texte, il est nécessaire de
savoir ce qui a été annoncé par le prophète Elie dans une vision.
Saint Michel, aux yeux duquel les secrets de l'avenir sont à nu
et à découvert, suppose que la France est une seconde fois
soumise à une terrible invasion de ses ennemis. Pleins d'audace,
ils ont envahi la plus grande partie du territoire de notre Patrie
lorsque l'heure est venue de sauver la France.

C'est saint Michel qui intervient alors, au milieu de grands
prodiges ; et Louis XVII est à côté de lui, à la tête des légions
d'Esprits qui nous assurent la victoire. Ainsi, devant Dieu, c'est
à Louis XVII que revient le succès, et c'est lui qui devrait
porter la Couronne. Mais selon notre manière de comprendre
dans l'ordre des choses terrestres, c'est Henri V qui est victorieux.

Dans la vision, le grand Monarque en Esprit, qui accompagne
saint Michel, jette à l'Elu de la vie la couronne, parce qu'il
rentre dans le monde des Esprits. Mais dans le texte que nous
avons cité, le glorieux Archange nous montre que Henri V
reconnaît bien à qui il est redevable de la Couronne du grand
Monarque.

Il est très-certain, en effet, que si l'Elu de la vie ne recon-

naissait pas d'une manière solennelle comment et à quel titre
il est revêtu de la puissance du Monarque Fort, s'il ne confessait
pas hautement qu'il a reçu la communication de l'Esprit et de
la vertu de Louis XVII, il ne serait jamais le grand Monarque..
Mais ce qui est dit dans le texte, selon la lettre, comme se
prosternant aux pieds du soldant de la mort, ainsi que le nomme
le prophète, doit s'entendre selon l'Esprit, c'est-à-dire en ce
sens qu'il accepte la communication de l'Esprit et de la vertu
du Monarque Fort, et c'est à ce titre qu'il le salue de ce nom et
se prosterne dans son union avec lui.

Car il faut que ce qui a été prédit de ce grand Monarque
s'accomplisse. « Voici, a dit la voix du Ciel, celui qui régnera
« rempli du Saint-Esprit. Il chassera les démons en mon nom
« et portera aux extrémités de la terre *l'œuvre de la miséricorde*;
« il apprendra aux impies le nom du Seigneur et il aidera de
« sa puissance les chefs de mon Eglise chrétienne.

« Je vis, dit le Prophète, une multitude de peuples qui criaient :
« Vive le grand Monarque en qui repose l'Esprit du Seigneur !
« car il gouvernera avec sagesse, justice et équité. Vive celui
« pour qui Dieu a fait tant de merveilles ! » (*Livre d'or*, p. 46.)

Mais l'instrument visible de toutes ces merveilles, selon
l'ordre des choses terrestres, est toujours l'Elu de la vie,
Henri V. Si, comme l'a prophétisé l'Archange Gabriel, par
Martin de Gallardon, le Monarque Fort, en Esprit, voit se
reposer en lui l'Esprit de science, de sagesse, de force, de
piété, de conseil et d'intelligence ; tous ces dons de Dieu seront
aussi accordés à Henri V.

La rentrée des Lys parmi nous est donc certaine ; mais,
merveille plus étonnante, c'est que la Démocratie acclamera
cet Avénement. Oh ! que Dieu est grand dans les œuvres de
sa main ! L'Antique Capitale des Gaules, la Ville où la démo-

cratie règne par excellence, Lyon, sera la première à saluer, au milieu de l'enthousiasme et de l'allégresse, l'entrée dans ses murs du Monarque fort, après la victoire qui nous délivrera de nos ennemis.

Dans ces derniers temps, il a été publié plusieurs ouvrages concernant le grand souverain Pontife et le grand Monarque ; ces écrits avaient nécessairement pour base les prophéties qui annonçaient leur venue et leur règne. Mais les auteurs n'avaient pas les lumières nécessaires pour entendre le sens divin de ces prophéties. Aussi il ne faut pas s'étonner si, après un succès qui s'attache toujours aux publications qui traitent de l'avenir, tous ces ouvrages ont été mis en oubli. Il n'y avait pas là la vraie clef des mystères, et les clartés de la lumière n'éclairaient pas ce qui allait être accompli par le Tout-Puissant Seigneur.

Personne n'ignore que Charles-Louis de Bourbon, duc de Normandie a eu des croyants fidèles à son existence et à ses droits. Mais pour ces personnes qui appartenaient aux classes diverses de la Société, le plan de Dieu était resté un mystère scellé. Quelques-uns des adhérents s'étaient même attachés à cette cause, comme tant d'autres l'ont fait à celle des Prétendants qui se disent investis d'un droit qu'ils appellent légitime. Dieu seul donne la vraie légitimité, et quiconque invoque d'autres droits est exposé à être, pour ses partisans, une cause certaine de ruine et d'amères déceptions.

A ce titre, il ne sera pas sans utilité de citer un texte remarquable du sublime prophète Elie, qui nous dévoile les abus où se laissent entraîner ceux qui s'attachent, non au plan de Dieu, mais aux personnes et aux trônes auxquels ils les croient appelés.

« Pour ce qui regarde, dit-il, les destinées de l'homme pour « la reconnaissance duquel Martin de Gallardon fut suscité, je

« crois aujourd'hui ce que je croyais en 1839 ; seulement je
« crois à un mode de manifestations et d'opérations tout diffé-
« rent de ce que se sont figuré et se figurent encore les profa-
« nateurs de cette cause. La pensée de Dieu n'a pas été comprise,
« et les petites passions humaines ont voulu s'acclimater là,
« comme si la ruine des anciens abus devait se couvrir par de
« nouveaux abus. Les hommes ont voulu faire leur affaire
« d'une œuvre à la justification de laquelle ils étaient appelés ;
« Dieu les a mis de côté et leur a enlevé leur fétiche et leur
« drapeau.

« Si le Ciel garde un grand Monarque à la terre, soyez-en
« certain, il fera comme pour Moïse, il ne le donnera qu'au
« temps fixé, et surtout que dans les conditions en rapport avec
« le but miséricordieux qu'il se propose. Il aura triomphé de
« la corruption, afin d'être plus parfaitement à même de con-
« naître, de distinguer et d'écraser de la Justice de son mépris,
« tous ces vers corrupteurs qui rampent de marche en marche
« jusqu'à ce qu'ils se soient assuré l'abri du trône. »

Ainsi ceux qui en la foi en l'existence de Louis XVII ont été
des profanateurs de cette cause ; s'ils n'ont pas compris comment
et de quelle manière Dieu l'avait oint comme grand Monarque,
ils ont été mis de côté parce qu'il n'ont pas servi le plan de
Dieu. Mais parmi ceux qui croient qu'Henri V est appelé à régner,
combien doivent être classés parmi ces vers corrupteurs qui
rampent de marche en marche jusqu'à ce qu'ils se soient assuré
l'abri du Trône. Hélas que le nombre en est grand !

CHAPITRE VI

De l'alliance du grand Monarque et de la vraie
Démocratie.

Lorsque Celui qui est l'Etre des êtres a décrété, dans les conseils souverains de sa Sagesse éternelle, que le divin Jésus aurait son règne sur la terre, il a résolu en même temps qu'en vue de préparer l'avénement visible et personnel du Fils de l'homme, Verbe de Dieu, il constituerait le Monarque Fort comme le représentant de son autorité suprême. A ce titre, les prophéties qui, dès l'origine du monde à travers la longue série des siècles, ont prédit le règne de Dieu, ont supposé, et le plus grand nombre ont expressément annoncé le grand Monarque.

C'est en France que le nouveau David a dû naître; c'est notre Patrie qui, dans tous les temps, a été destinée à voir celui par lequel les abus anciens ne pourront plus revivre, mais qui fera triompher la paix, la justice et le droit. Mais si le grand Monarque appartient par sa naissance à la race royale, ce n'est pas par le titre d'héritier, dit légitime, qu'il est investi de sa mission. Le titre unique de son droit, c'est l'élection divine; nous avons vu les conditions que le Ciel a mises à l'investiture de l'Elu de la vie. Aussi ce serait en vain que les profanateurs de la cause du Monarque Fort voudraient tenter de relever les vieux abus; le Ciel saura bien les réduire à l'impuissance et les rejeter en arrière.

Tous les élus, pour prendre part à l'exercice du pouvoir sous le règne du grand Monarque, peuvent être assurés que les seuls titres seront la vraie et solide vertu, l'intégrité des mœurs et un amour de la vérité et de la justice qui ne puisse subir aucune capitulation, quels que soient les cas où ils se trouvent placés.

Le prophète Elie nous a fait connaître pourquoi la France a été la nation privilégiée pour recevoir ce grand Libérateur. Il ne sera pas sans intérêt de citer cet admirable exposé.

« La France seule, par son âge premier comme par son
« moyen-âge, la France d'aujourd'hui, tout endormie qu'elle
« est, porte sur son front l'étoile du soir chrétien et le rayon
« lumineux qui prédit le jour des vrais triomphes du christia-
« nisme. La France était cet Occident vers lequel Jésus-Christ,
« en montant vers son père, fixa ses regards et étendit ses
« mains. C'était la terre cachée, la grappe de raisin de l'Engaddi
« suprême dont le Consolateur devait servir le vin nouveau aux
« convives choisis pour célébrer la fête symbolique du Jubilé
« vraiment universel.

« Cette Nation choisie, elle le montre quand même, c'est la
« grande nation, non géographiquement, mais de pensée, d'as-
« piration, mais de puissance intellectuelle. C'est un volcan
« glorieux habité par des génies. C'est l'âme de l'Europe,
« l'esprit du monde entier; un de ses tressaillements, et tout
« le monde tressaille; un de ses ébranlements, et tous les
« continents s'ébranlent.

« La France, avant tout, est chrétienne.... Plus jeune qu'on
« ne le croit, elle est symbolisée dans le saint Evangile; c'est
« elle qui n'est pas morte, mais dort seulement. Le grand
« Consolateur la touchera bientôt.

« La croix du jour nouveau, ajoute-t-il, n'admet plus d'escla-

« vage ; il faut aimer ses frères et les voir en tout sous ce juste
« niveau. Le nom de Jésus-Christ dit : droit à la pensée, vie à
« l'intelligence, confiance et amour. Le beau nom de Marie
« dit : gloire à la famille, fraternité sacrée, religion sociale,
« conception divine, unité universelle et Verbe universel. »

Le plan divin est arrêté, c'est la raison pour laquelle nous
sommes dans une situation où nous nous agitons sans avoir
une solution possible. Dieu seul fera triompher ses desseins ;
quant aux hommes, ils ne pourront que créer des luttes et des
conflits ; ils ne sauraient produire que des ruines sociales et
des haines sanglantes.

Comment donner satisfaction aux légitimes aspirations de la
démocratie ? Pour atteindre ce but, il faut que la démocratie
soit chrétienne ; à ces conditions, ce qu'elle veut et ce qu'elle
cherche sera obtenu. Mais si la démocratie est chrétienne, elle
acclamera comme son chef le Monarque fort, qui lui assurera
la possession de tous ses vrais vœux.

Jésus-Christ dit à Pilate, qui lui demandait : Es-tu roi ? Oui,
je le suis ; je suis né pour cela. « Je suis Roi, dit-il, par Elie,
« et mon royaume ne s'établira que quand tous les rois auront
« succombé sous leur lourd égoïsme. Je suis Roi, parce que je
« suis le premier de ce grand peuple qui se nommera le peuple
« souverain. Oui, je suis Roi, roi d'Amour, roi de Justice, roi
« de Sagesse et de Miséricorde. »

C'est bien là la sainte institution de la vraie démocratie sur
laquelle doit régner le Monarque Fort. Mais, de même que
nous affirmons que le Pouvoir souverain sera transformé, qu'il
sera l'image véritable de la royauté de Jésus-Christ, ainsi nous
annonçons que la démocratie sera changée et renouvelée.

« Le démocrate, s'écrie le Prophète, est pur, ou c'est un
« être ignoble. Démocratie oblige, puisqu'elle descend de la

« Divinité. Un démocrate ment, s'il profane son corps et s'il
« s'exerce à la colère ; il ment, s'il adore la paresse, s'il reste
« dans l'ignorance, s'il ignore les nobles et grandes vertus. Le
« démocrate est juge, malheur si la passion l'emporte ; quelques
« nouveaux Daniel surgiront pour le faire châtier.

« Le démocrate ment, s'il nie le sang du Christ, s'il n'est
« supérieur à ceux qui l'accusent ; il ment, si la haine, si l'envie
« habitent dans son âme..... Honte à vous tous, esclaves du
« foie et du ventre, à tous les sauvages qui s'exercent à la cruauté !
« Honte à ces malheureux qui maudissent les fouets, les verges,
« les chaînes, et qui disent en leur cœur : nous nous en ser-
« virons au jour des représailles.

Dans la glorieuse mission que le Ciel a daigné confier à notre
faiblesse, nous dirons la vérité à tous, aux Rois, aux Princes
de l'Eglise, comme aux chefs et aux soldats de la démocratie.
Nous disons donc aux démocrates, si vous n'avez point de foi,
vous ne vous élèverez jamais à la hauteur des vertus qui vous
sont nécessaires. Si vous ne priez pas le Christ, vous pourrez
faire des ruines, punir, verser le sang ; mais vous n'aurez la
victoire que par Celui qui est le Roi des rois.

Au milieu des luttes ardentes des partis qui se disputent et
s'entrechoquent, l'un d'eux doit finir par se constituer le juge
des autres. Dans ce cas, il faut avoir bien présentes à l'esprit les
paroles si sages du prophète : « Purifiez-vous avant d'oser juger
« les hommes iniques qui se sont fait vos juges. Prenez garde
« que votre sentence ne se heurte au fond de votre conscience,
« avec un crime semblable à celui que vous venez de punir. »

Ah ! lisez ce qui suit, c'est l'avenir qui se dévoile aux yeux du
Voyant, c'est Dieu qui parle par sa bouche et qui burine l'histoire afin de vous éclairer et de vous arrêter. — « Démocrates,
« ne jouez pas avec votre ministère ; les abîmes sont ouverts,

« je le crie en prophète ! vous n'aurez qu'abattu et voùs serez
« frappés par l'écroulement même de l'édifice impur qui ne
« devait tomber que sous la juste loi des hommes éprouvés et
« forts de leur pureté. »

Il faut que l'harmonie se rétablisse, car si elle ne renaissait
pas, nous verrions des jours de deuil plus sombres que les jours
de sang dont les pages de l'histoire ont conservé la mémoire.
Que faire dans cette situation? Appeler des saints, des héros,
des prophètes; d'un même cœur et d'une même voix, il faut
crier : pitié, Seigneur, pardon et miséricorde.

Ah! il nous faudrait enfin déchirer les voiles qui couvrent
tant d'iniquités, que l'antiquité nommait à si juste titre les crimes inexpiables. Non, jamais la terre ne s'était rendue coupable
de sacriléges aussi détestables, commis dans un but plus odieux;
non-seulement les consciences se pervertissent au plus haut
degré possible par ces forfaits sans nom, mais l'ordre social et
religieux en est ébranlé jusque dans ses fondements.

Nous sera-t-il permis de montrer dans les clartés de la
lumière ce que les autres eux-mêmes cachent dans les plus
profondes ténèbres? Qu'on ouvre le livre du prophète Ezéchiel,
au chapitre VIII. Tout ce qui a été découvert à ce grand prophète, toutes les abominations qu'il décrit sont commises de
nos jours d'une manière si grave, que Dieu seul peut en arrêter
le cours.

Mais les Anges, armés de leur instrument de mort, comme
il est dit au chapitre IX d'Ezéchiel, feront selon l'ordre qu'ils
ont reçu de Dieu, *feci sicut præcepisti*. Les crimes dont nous
parlons ne resteront plus dans le secret du mystère. Parmi ces
grands criminels, aucun ne pourra échapper au juste châtiment
de leurs forfaits, car en les frappant de mort, les Anges, ministres de la justice divine, écriront sur leurs cadavres les crimes
dont ils ont été coupables et punis.

Mais ce n'est pas au sein de la démocratie qu'il faut surtout chercher les auteurs et les grands complices de ces sacriléges inexpiables. Il est vrai, ces malheureux se retrouvent dans tous les rangs ; il suffit, pour en être convaincu, des ordres que Dieu donne à ses Anges pour exécuter les arrêts de la suprême justice. Voici la sentence du Dieu éternel : « Passez par la ville et frappez, que votre œil n'épargne point et n'ayez point de compassion. Mettez à mort les vieillards, les jeunes gens, les vierges, les petits enfants et les femmes ; mais n'approchez aucun de ceux sur qui sera la marque du Thau ; et commencez par mon sanctuaire, *Et a sanctuario meo incipite.* » (*Ezéchiel*. Ch. ix. 5, 6.)

C'est dans ces crimes qu'il faut chercher la raison des fléaux auxquels nous sommes impuissants à échapper. C'est pour cela que le Ciel va faire luire ce jour terrible de la justice du peuple, qui n'est autre que celui de la justice de Dieu. Ah ! sachons comprendre, que nos yeux ne se ferment plus à la lumière et que nos oreilles ne soient pas plus longtemps endurcies aux appels de la divine miséricorde.

Ces crimes de ténèbres, dont la seule pensée glace le sang dans nos veines, nous avons tenté mille efforts pour les faire connaître à ceux qui exercent le ministère de la Pontificature, afin que, dans leur zèle des âmes et des intérêts sacrés de l'ordre social, ils cherchassent, autant qu'il était encore possible, à y opposer un contre-poids et un remède. A Rome, on prêta une oreille attentive ; on ne demandait que des faits précis et des preuves concluantes. C'était justice, et rien n'était plus facile.

Mais lorsque nous nous présentâmes devant l'Eminent personnage qui devait donner un caractère officiel aux preuves et aux faits, ah ! nous n'oublierons jamais la scène dont nous eûmes le douloureux spectacle. Nous taisons ce nom ; il entre peut-être dans les desseins du Ciel de faire donner à celui-ci, comme il a été fait pour d'autres, l'expiation du sang, pour racheter ainsi un aveuglement funeste.

Nous avons dit ce que devait être la démocratie; il suffit de voir ce qu'elle est pour se rendre un compte exact de la transformation qu'elle doit subir. Nous est-il permis d'espérer que nous la verrons ce que Dieu la veut et ce qu'elle doit être? Notre réponse ne laisse aucun doute à cet égard.

Dieu placera la Croix sur elle, et il répandra en même temps des grâces immenses, jusqu'à ce qu'elle soit telle qu'il le faut pour les desseins célestes. Mais qu'on le sache bien, de même que l'Enfer a perverti de plus en plus les hommes, Dieu, d'un autre côté, ne restait pas inactif. Il y avait dans l'ombre un travail de foi, de relèvement et de rénovation qui s'opérait. Sans nul doute les ouvriers de la grâce étaient trop peu nombreux; si le chiffre en eût été plus grand, aucun fléau, aucun malheur, ni une effusion de sang n'eussent été nécessaires.

C'est cette grande et solennelle alliance du Monarque Fort, image visible de Jésus-Christ dans sa royauté, et de la démocratie, qui ouvrira l'Ere de Dieu pour préparer la génération chrétienne à former et faire vivre la société similaire, afin que l'avénement visible et personnel de Jésus et de Marie puisse s'accomplir. Le Ciel prépare cette alliance de paix, de justice, de vérité; et c'est là ce qui explique pourquoi Dieu a pris en ses mains les rênes du monde, et qu'au sein de tous les partis il n'y a que trouble, confusion, incertitude, et finalement impuissance.

« La montagne d'iniquités la plus élevée sur la surface du « monde actuel, c'est celle du sacrilége. Il semble que les « hommes s'étant reconnus impuissants contre la force et la « tenacité de l'ordre matériel, n'ont plus d'espoir pour continuer « leur désordre que celui de s'attaquer à Dieu.

« Où donc les hommes se réfugieront-ils lorsque cette épou-
« vantable tempête va passer sur la terre ? Est-ce dans le temple
« du Dieu vivant ? Il n'y en a plus. Est-ce dans les saints des
« saints de la vie ? Il n'en reste pas douze pierres liées ensemble.
« Est-ce dans une Arche quelconque ? »

A cette heure suprême, le Carmel se lèvera dans le droit
sacré du ministère de vérité, et il dira au monde qui l'ignore,
parce qu'il ne connaît que ce qui est né du mensonge et de la
vanité humaine : Oui, Dieu a formé, dans le mystère du silence,
une Arche vivante de salut. Il y a parmi nous, sur le sol de
notre Patrie, une Femme Forte, une nouvelle Jeanne, qui nous
sauvera au milieu des mille périls que nous allons traverser.

Ainsi que nous l'avons dit dans le *Cri du salut* : Elle ne
tiendra point dans ses mains l'Epée des batailles ; elle ne montera
pas le Coursier des combats. Nul ne l'entendra crier ces mots :
en avant. Mais la puissance dont elle sera revêtue sera bien
autrement grande. Aux cris de ses ardentes prières vers le Ciel,
le secours qui assure la Victoire sera envoyé.

Mais comment nous est née cette Héroïne ? Elle est née de
la miséricorde et de l'amour du Cœur divin de Jésus ; c'est
Marie elle-même qui a préparé ce Tabernacle, par trente-six
années de souffrances et d'expiation, afin de le disposer à
recevoir la communication de son Esprit et de sa vertu. Elle
sera une pacifique, mais victorieuse Débora ; elle délivrera son
peuple comme Esther ; elle vaincra l'ennemi de Dieu comme
Judith ; mais ses mains resteront pures et sans aucune tache de
sang.

C'est du sein du nouveau Carmel, formé par Dieu même,
que cette Jeanne du Salut apparaîtra ; elle ne sera pas seule, il
y aura autour d'elle une Couronne de cœurs qui lui seront
unis dans la foi et dans l'amour. Cette cour d'honneur priera

comme elle et avec elle, et le grand Monarque obtiendra la Victoire par le Ciel.

Mais si les femmes de foi et de dilection ont une part si privilégiée, il ne faut point croire que le Ciel n'a point su trouver des cœurs d'hommes disposés à marcher dans ces voies de salut et de délivrance. Au sein de cette démocratie de l'antique Capitale des Gaules, et dans diverses contrées, il y a des nobles cœurs qui ont compris que toute l'espérance n'était que dans la prière et dans la puissance du sacrifice.

Il ne reste plus qu'à faire entendre comment ce nombre, relativement très-restreint, pourra être capable d'obtenir des effets si grands, comme ceux que nous annonçons. Mais il suffira, à cet égard, de comprendre le secret mystère de Dieu.

Ce ne sont pas seulement les hommes vivants sur la terre qui sont intéressés à la venue du règne de Dieu sur la terre, toutes les générations des siècles passés sont aussi dans l'attente des jours de cette nouvelle alliance. Dans l'Apocalypse, le sublime Voyant nous dit : « Je vis sous l'autel les âmes de ceux qui « avaient été mis à mort pour la parole de Dieu et pour le « témoignage qu'ils avaient soutenu. Et elles criaient à haute « voix et disaient : Jusqu'à quand Seigneur, qui es saint et « véritable, ne jugeras-tu point et ne vengeras-tu point notre « sang de ceux qui habitent la terre. » (*Apocalypse*. VI. 9-10.)

Ces immenses légions de martyrs, de saints et de héros des siècles passés adressent au Ciel une ardente prière. Mais il ne faudrait pas supposer que ces Elus qui vivent au sein de la lumière et de l'amour désirent une vengeance comme les cœurs haineux de la terre; la vengeance qu'ils demandent, c'est la venue du règne de Dieu où les hommes se convertiront. C'est là le but de ces prières, au nom du sang qu'ils ont versé.

Les cris du Ciel s'unissent donc aux prières de la terre, dans le même dessein d'obtenir ce règne de Dieu qui permettra de former et de voir vivre la société similaire en vue de l'avénement où Jésus et Marie viendront visiblement régner sur la terre. Si la terre n'offre pas une prière digne d'être exaucée, comment celle des saints placés sous l'autel ne le serait-elle pas?

La venue du grand Monarque est certaine, et la démocratie, éclairée par la lumière de Dieu, le reconnaîtra avec enthousiasme. C'est par cet Elu, en effet, que la solution de tous les redoutables problèmes qui sont l'effroi des hommes d'Etat aura lieu avec une sagesse digne de Salomon. Il n'y aura plus de partis; les cœurs et les âmes vivront dans une parfaite harmonie.

Alors Dieu bénira la terre; des remèdes inconnus jusqu'à ce jour délivreront les hommes des mille maux qui les accablent. Des découvertes admirables auront lieu, au bénéfice de l'humanité toute entière.

Qu'ils seront beaux ces jours de bénédiction; qu'il sera bon de vivre dans cette Ere de paix, de prospérité et de vrai bonheur! Dieu en a fait la promesse, et toute chair connaîtra que le Ciel et la terre peuvent passer, mais que sa parole reçoit infailliblement son accomplissement. Que la Trinité céleste et la Trinité terrestre en soient bénies à jamais et dans l'Eternité des éternités.

CHAPITRE VII

Les solutions définitives et le grand triomphe obtenu.

Le plan que la sagesse de Dieu est en voie d'accomplir a été mis en lumière; il est facile à chacun de se rendre compte des choses et de voir combien les vues de tous les partis, sans en excepter un seul, sont en opposition et en contradiction avec les desseins du Ciel. Il est superflu de faire connaître le but que chacun de ces partis si nombreux et si divisés se propose d'atteindre, car il est très-certain qu'ils seront tous soumis à une égale confusion. Dieu seul aura la Victoire.

Après avoir lu les grandes vérités que nous avons annoncées, plusieurs crieront : où sont donc les solutions? Notre devoir est de donner satisfaction à ces vœux. Notre ministère, en union de vie avec celui du prophète, doit soulever les voiles de l'avenir, afin que ce qui est un mystère caché brille aux yeux des cœurs droits et des Esprits sincères.

La triste situation où nous sommes, non-seulement en France, mais en Europe et dans le monde entier, est assez connue de tous. Aussi, à la clarté des événements qui se déroulent, nous comprendrons les paroles du prophète Elie, s'adressant à l'âme de la terre, et en elle à l'humanité : « Il te faudrait une armée « de défenseurs selon l'unité divine pour t'arracher aux orages « qui te menacent; il faudrait qu'il te vint des cœurs assez forts « pour te faire un déluge de feu, afin d'arrêter les cataractes « qui te menacent d'un déluge de sang. »

La haine est partout, et loin de travailler à l'éteindre dans les cœurs, chaque jour vient apporter un nouvel élément pour en activer la flamme funeste. Quelle lutte gigantesque en Orient! L'histoire n'a guère vu un semblable choc avec des forces aussi formidables; aussi que de torrents de sang ont coulé et peut-être couleront encore. Le danger imminent de voir le fléau dévastateur s'étendre au sein des autres Nations et d'amener une conflagration générale n'est, hélas! que trop à craindre.

Où trouver, dès lors, la raison de nos espérances? La voici : « Ecoute, dit le prophète à l'âme de la terre, et par elle à tous « les hommes, lève ta tête pure et gracieuse; fixe le sein « céleste; je le veux, puisque c'est de lui que je veux faire « descendre en ce moment sur toi la prophétique rosée de ton « bonheur. » *(Archives Eliaques.)*

Nous sommes à un des points culminants de l'Histoire. Entre les temps où nous vivons et l'Ere où le divin Sauveur apparut dans le monde, il y a bien des points de similitude. Mais l'avenir s'offre à nous plus consolant. A l'époque de la venue du Rédempteur, le Ciel avait en vue d'associer les peuples et les nations du monde au mystère de la Croix du Calvaire. Aussi l'Ere des persécutions et des martyrs ne tarda pas à commencer, et sa durée fut de trois siècles.

Il en est tout autrement de nos jours; nous touchons à la délivrance. « Béni le Seigneur, s'écrie le prophète, de cette « grande division qui ne cesse de s'augmenter parmi les hommes. « Bientôt un des habitants de ton sein en proclamera un qui « sera l'homme universel, l'individu social, la synthèse de la « justice politique. » Il est vrai qu'il faut qu'auparavant il y ait des jours de misère, de deuil et de douleur; mais un avenir de paix, des temps d'allégresse et des jours de bonheur n'en sont pas moins assurés.

La lutte sera terrible et le choc d'une violence sans nom dans les annales du monde; mais ce temps sera, dans le plan

de Dieu, d'une courte durée. « Oui, tout est prêt, dit le pro-
« phète, pour que la destruction ne ruine pas dans les lenteurs
« de l'agonie; tout est combiné pour une exécution capitale,
« en face de laquelle l'égoïsme, tour à tour Dieu et roi de
« l'humanité, sera transformé en bourreau, criant de sa voix
« de tonnerre : Je frappe mon dernier coup; je me suicide
« dans l'injustice des hommes, parce que je ne pourrais sou-
« tenir une seconde la visibilité de la justice de Dieu. »

La confusion est grande dans les Esprits, mais il se fait un
travail latent qui conduit l'humanité au règne de Dieu. Toutes
les forces concourent à ce but suprême. « Les despotes, les
« apostats, les fourbes, les victimes, les bourreaux, tout travaille
« maintenant pour la grande et dernière synthèse; le besoin en
« presse tous les êtres; le fou la rêve, le sage la médite,
« l'artiste la devine et cherche à l'ébaucher au hasard, les yeux
« commencent à s'entr'ouvrir, les cœurs tressaillent, les âmes
« aspirent. » *(Archives Eliaques.)*

La puissance de la science est connue; c'est elle qui dirige
l'humanité dans ses voies; elle est l'Etoile qui conduit le monde
dans ses destinées. Que dit donc la science, qu'a-t-elle appris,
qu'a-t-elle entrevu? le voici résumé. « La loi d'unité a été
« vue, elle a été promulguée, elle a réglé l'anatomie, et elle
« s'est assise pleine d'espérance et de fierté sous le nom de
« synthèse scientifique. La loi des analogies est restée droite,
« pour assigner la place convenable à celle des attractions. La
« loi du progrès a déjà produit des conséquences majeures,
« bien que la société des hommes s'en soit prise aux rires. »

Après avoir exposé la situation dans l'ordre social et religieux,
et au point de vue du mouvement scientifique, il ne sera pas
sans intérêt de faire connaître les dispositions des divers peuples
de l'Europe. « L'Italie, nous dit le plus sublime des prophètes,
« a bu des poisons qui, quoiqu'étant la mort de ses Princes,

« n'en serviront que plus promptement pour l'énergie de son
« réveil. L'Allemagne attend, calme et patiente, prévenue
« qu'elle est par l'illuminisme. La vieille Angleterre, mourant
« de honte et d'impuissance sur un lit d'or entassé, se dévorera
« les entrailles. La Russie achève d'user son règne d'étrangle-
« ment et de force brutale ; la chaleur du printemps sacré ne
« laissera plus de glaces pour le Nord. »

Nul ne saurait le nier, au sein de tous les peuples il y a une
immense aspiration vers la science et la liberté. Si la science
s'éclaire des clartés de la révélation complémentaire, elle pourra
pénétrer le triple ciel des causes, des idées et des formes. Alors
l'humanité connaîtra Dieu et entrera en possession de la véritable liberté ; par là, les hommes vraiment libres retrouveront
des ailes pour franchir le ciel et les cieux jusqu'aux hauteurs
souveraines de l'Etre incréé.

Dans ces conditions, la terre aura des tressaillements nouveaux
et nous verrons se réaliser la vérité de ce grand enseignement.
« La voix du Verbe fera naître chez les peuples l'active puissance
« de l'intelligence contre laquelle nul ne pourra résister. La
« France, terre intellectuelle, n'a plus que pour quelques jours
« de brouillards et de brouillons. L'Espagne, qui n'est plus
« que l'ombre de la France, tend ses mains mourantes par-
« dessus les Pyrénées. Bysance abaissera son Croissant sous la
« Croix. La Chine appelle, comme bégayant encore, l'Etendard
« souverain et la voix des Apôtre de l'avènement second du
« Roi réel du céleste Empire. » *(Archives Eliaques)*.

Il faut que tous le sachent, l'Ere où nous entrons n'est autre
chose qu'un enfantement de cet avenir plein de promesses
solennelles dont les Annales sacrées des nations ont conservé
le souvenir. Il y aura des Cieux nouveaux et une Terre nouvelle
où la Justice habitera ; c'est la parole de Dieu même à Abraham

et à sa race dans les siècles, c'est-à-dire à nous qui vivons dans
dans les temps fixés par le Très-Haut.

Dieu seul est grand ; seul il peut exécuter les desseins qu'il
a conçus. C'est lui qui conduit et dirige tout en ce moment.
« Nous ne nous apercevons pas, dit Elie, que cette vérité
« suprême, dont nous nions vitalement la puissance, est ce qui
« mène à notre ruine, tout en préparant un nouveau temps,
« dont la brûlante approche doit dévorer sans merci tout men-
« songe et toute idolâtrie. Les cieux et la terre ont des limites,
« mais l'adorable Trinité n'en a point. Je rendrai la liberté
« aux esclaves. Je frapperai les puissants. Je ne laisserai point
« en repos les exacteurs de leurs frères. »

Que les yeux de nos intelligences soient bien ouverts, pour
considérer ce qui va être accompli. « Encore un peu de temps,
« et la parole divine, première et dernière puissance, en face
« de ce qui est, se fera connaître ; elle brisera toutes les
« chaînes et tous les anneaux conservés intentionnellement
« pour y rattacher les liens déjà rompus. » (*Archives Eliaques.*)

Pour atteindre ce but, il faut que la democratie devienne
chrétienne. Si elle désire recevoir les bénédictions promises,
il est d'une absolue nécessité que, prenant part au même pain,
qui est le Pain vivant, et au Calice du salut, qui est le sang
de notre rachat, tous ne fassent qu'un même corps. « Alors
« toute frontiète disparaîtra ; il n'y aura plus que des enfants
« de Dieu, des christs, de véritables frères, vivant et habitant
« en deçà et au-delà. »

Parmi ceux qui feront la lecture de ces pages, il y en a
un très-grand nombre qui s'écrieront, mais par quels événements pourront donc avoir lieu ces transformations et ces
grandes choses dont l'annonce est donnée comme certaine ?
Nous ne ferons pas mention de luttes civiles ; dans notre profonde conviction, elles seront éloignées pour un temps et bien

adoucies pour l'autre, par l'intervention de la divine Providence.
Il est inutile d'exposer ici les lumières dont le Ciel nous a fait
les dépositaires; nous le ferons à l'heure voulue de Dieu.

Mais voici ce qui nous est affirmé par le prophète dont nous
avons invoqué le témoignage, parce qu'il résume en lui le
ministère de tous ceux qui l'ont précédé, et qui ont vécu, à
travers les siècles, dans les diverses générations. « Une grande
« guerre, s'écrie-t-il, se prépare, et elle sera d'autant plus ter-
« rible qu'elle sera la dernière. » Il avait annoncé qu'elle
éclaterait d'abord en Orient, et nous sommes témoins si elle a
lieu avec un acharnement et une violence qui rendront la
victoire décisive, et changeront l'équilibre des peuples et des
nations.

C'est au moment de cette guerre prédite, que le prophète,
dans une sublime vision, entend un des Empereurs victorieux
s'exprimer ainsi, au pied de l'autel du Carmel, où il s'est rendu
par une inspiration du Ciel.

« Eternel Dieu, dit-il, n'est-il pas temps que nos guerres
« fratricides prennent fin ? Qu'apporte en chaque royaume ce
« que mes ancêtres appelaient le triomphe et la conquête ?
« Nous l'emportons aujourd'hui, mais nous avons été con-
« traints de passer sur des montagnes de cadavres. Nous ne
« pouvons venir ici vous glorifier du succès de nos armes,
« puisque la vie qu'elles ont prise et le sang qu'elles ont
« répandu sont des vivants témoignages de sacriléges et de
« caïnites.

« Nous avons appris... que nous touchions à une maison
« sainte, que nous devions nous y rendre et connaître par
« vous et votre serviteur, ce qui nous restait à faire et com-
« ment nous le devions faire. La mort est restée derrière nous,
« assise sur des trophées qui nous accusent et qui accusent ceux
« qui nous ont engendrés. Permettez-nous ici de déposer nos

« armes et de trouver un abri sous la sainteté de vos conseils. »

Ainsi qu'on le voit, le Carmel, dont le nom est si peu connu en France, ce lieu des bénédictions suprêmes, si ignoré, ne reste pas un lieu caché à l'heure de la justice du Dieu vivant et véritable. C'est là où aura lieu le dénouement de ces dernières luttes, qui feront couler des torrents de sang.

Nous citons la sublime Vision d'Elie sur ce sujet :

« Elie, me dit Marie, c'est aussi dans une plaine immense,
« dont mon Carmel dessine la tête, que se fera la grande
« épreuve des forces tactitiennes des chefs des nations. C'est
« dans une plaine que le Saint-Esprit des prophètes a désigné
« si longtemps à l'avance, que l'orgueil dominateur sera con-
« traint d'avouer son impuissance ; comme au temps de Judas
« Machabée, les fiers guerriers et les peuples en délire verront
« dans les hauteurs divines, sur d'impétueux coursiers, les
« majestueux invincibles, courbant sous leur passage la domi-
« nante audace, la despotique prétention, l'hypocrisie barbare
« et l'impitoyable destruction, derniers efforts de l'impiété
« humaine, sacrifice offert à l'orgueil, à la vengeance, dont la
« majeure partie des grands-prêtres et de leurs faux prophètes
« seront frappés. Ces jours de lutte, de colère et de haine
« auront quelque ehose des jours ou Israël fondait sur les
« Philistins et sur les Amalécites ! Ils auront de sanglantes
« affinités avec les jours d'Elie et des Voyants de Jézabel !
« Ils prendront des teintes et des principaux faits qui signalè-
« rent la mort du Sauveur sur le Golgotha ! Les morts viendront
« plusieurs fois s'unir aux vivants ! Les vivants se heurteront
« insensément contre les morts ; car, elle aussi paraîtra sur le
« pâle coursier[1], dont *le mors sacré sera alors au pied du*
« *Trématique hostiaire du Carmel !* »

Dans le récit d'une autre vision, Elie s'exprime ainsi :

« Alors, je vis, au Nord et au Midi de cette plaine, des

« hommes d'armes et des cavaliers en telle quantité, que je
« puis dire qu'ils étaient innombrables. J'entendis des cris
« d'agression, de tumulte et de carnage, des hourrahs, des
« vociférations, des tempêtes d'artillerie... Puis, la pluie tom-
« bait par torrents, les hommes furent forcés de s'arrêter, ils
« étaient noyés dans le sol liquide, et les cavaliers eux-mêmes
« ne pouvaient plus commander à leurs chevaux. Plus de
« tambours, plus de trompettes, plus de fusillades, plus de
« canon. Les nuages, au lieu de s'éclaircir, s'épaississaient
« toujours davantage. La nuit vint ; nuit noire, attérante, sinis-
« tre. Les éclairs ne cessaient pas, et la foudre avait une voix
« terrifiante pleine de menaces.

« Parmi ces hommes qui me parurent des chefs d'armées, et
« qui cherchaient un point de ralliement pour s'y concerter
« et s'y entendre, j'en remarquai un d'une noble, belle et sainte
« figure ! Je ne sais pourquoi mon cœur se sentit plus brûlant
« en le remarquant ; il portait un casque surmonté d'un pana-
« che blanc ; et, près de lui, un autre beau guerrier portait
« avec respect et enthousiasme un étendard vert , surmonté
« d'une croix blanche et portant pour devise une couronne de
« douze étoiles remplies de lettres hébraïques. »

Pour comprendre ce qui précède et ce qui suit, il est nécessaire de dire que le guerrier d'une noble et sainte figure, à qui
tout obéit, est le glorieux archange saint Michel. Celui qui porte
l'étendard est Louis XVII, qui est vivant, dans le domaine des
esprits. Nous continuons la citation.

« Le beau Guerrier leva sa main vers le Ciel...; le désordre
des éléments augmenta...; toutes les troupes crièrent d'une
commune voix, bien qu'en différentes langues : « Pitié ! pitié !!!
« Seigneur, sauvez-nous ! » — Celui qui avait levé sa main et
qui semblait avoir été obéi par la tempête, par l'eau et par la
foudre, nomma Celui qui l'accompagnait... Ce dernier ouvrit

son habit; il montra sa poitrine couverte d'un reliquaire d'or enrichi de diamants, et un large ruban bleu brodé de perles fines dans toute l'étendue de cette légende : Marie est vierge, immaculée, pure et sans tache! Il dit : « Mon Père est Roi, et
« comme moi riche de par le Ciel de ces richesses qui ont
« été l'objet de vos mépris, de vos haines, de vos colères et de
« votre brutale incrédulité. Les hauts faits qui vous ont tant
« surpris et si longtemps étonnés ne sont dus qu'à la foi de
« mon père et aux respects qu'il a portés au proscrit qu'il a
« admis au secret intime de ses conseils. »

« Alors le jeune chef, — saint Michel, — a levé son casque
« et il a dit : Dieu vous a laissé tout tenter, tout faire, afin de
« voir si vous ne vous tourneriez pas de son côté. Sa sagesse
« vous a servi à vous croire invincibles; vous avez dit cette
« fois : *En dehors de tout, moi-même je suis le sage et le fort !* et
« *au lieu de faire l'œuvre de Dieu, vous avez fait et fait faire votre*
« *œuvre.* Cette terre ne vous a rien rappelé. Vous ne vous êtes
« pas souvenus qu'elle est nommée le tombeau de l'orgueil. —
« Aujourd'hui vous allez tous le reconnaître; ce jour est le
« jour de la chute de toutes les idoles. Le signe du seul Roi
« va vous confirmer dans l'ordre suprême de ses décrets
« divins. C'est des morts que va sortir le témoignage de la grâce
« de la vie. La confusion va amener le puissant levier par lequel
« la porte de secours va être ouverte ! Défense à l'homme de
« convoiter la vie ou le sang d'un autre homme. Dans les
« chemins qu'encombre l'épouvante et sur les ruines du funeste
« dieu de l'égoïsme, Princes et Rois, hommes d'épées et de
« glaives !... vous allez publier la force et la puissance du grand
« et unique Roi qui vous a rassemblé ! *Sept jours sont donnés*
« *aux nations de l'Europe pour recevoir la consolante et glorieuse*
« *annonce du Règne glorieux du Seigneur !!!* »

C'est ainsi que la France et les diverses nations de l'Europe verront s'ouvrir la grande ère des temps nouveaux où nous allons entrer. Alors le triomphe de Marie, qui est l'objet de l'attente universelle, sera une réalité. Temps heureux de paix, de prospérité et de bonheur, venez, venez, le Carmel a tant prié afin que la terre puisse voir ce jour !

Le règne de Dieu, par Marie, que nous annonçons, n'est point, selon les expressions d'un vrai serviteur de Dieu, un changement de religion, mais un changement dans la religion, un progrès dans la religion. Par lui, les prophètes et les nations sont en possession de leur majorat.

L'ancien Testament a été nommé, par appropriation, le Règne du divin Père. Le nouveau Testament, celui de la rédemption, est regardé comme le Règne du Fils de Dieu. Mais le Saint-Esprit doit être glorifié comme le Père et le Fils; il doit donc aussi avoir son Règne. L'Apocalypse en renferme l'histoire et la description. Le Ciel et la terre peuvent passer, mais les promesses de Dieu recevront leur accomplissement. Que ceux qui ont des oreilles pour entendre entendent donc ce qui a été écrit dans les siècles et à travers les générations. Nous avons résumé les promesses du Dieu vivant et véritable. Vive Jésus, Marie, Joseph !

Lyon, route d'Heyrieux, 60. Janvier 1878.

Dr J.-A. Bⁿ.

Dans le Ministère de Jean-Baptiste en la Mission d'Elie.

144